中华少数民族
传统体育图录

国家体育总局体育文化发展中心　编著

北京体育大学出版社

责任编辑：吴　珂
审稿编辑：孙宇辉
责任校对：吴海燕
版式设计：谭德毅

图书在版编目（CIP）数据

中华少数民族传统体育图录 / 国家体育总局体育文化发展中心编著. -- 北京：北京体育大学出版社，2019.10
ISBN 978-7-5644-3231-7

Ⅰ. ①中… Ⅱ. ①国… Ⅲ. ①少数民族－民族形式体育－中国－图录 Ⅳ. ①G852.9-64

中国版本图书馆CIP数据核字（2019）第198099号

中华少数民族传统体育图录　　**国家体育总局体育文化发展中心　编著**

出版发行：北京体育大学出版社
地　　址：北京市海淀区农大南路1号院2号楼4层办公B-421
邮　　编：100084
网　　址：http://cbs.bsu.edu.cn
发 行 部：010-62989320
邮 购 部：北京体育大学出版社读者服务部 010-62989432
印　　刷：北京金彩印刷有限公司
开　　本：889毫米×1194毫米　1/12
成品尺寸：285毫米×285毫米
印　　张：29
字　　数：643千字
版　　次：2020年4月第1版
印　　次：2020年4月第1版第1次印刷
定　　价：198.00元

前 言

民族是人类社会发展到一定阶段的历史现象，有着它本身的特殊规律。虽然在各个不同社会发展阶段的共同体中，不同民族的规模、表现形式和具体内容有着巨大的差别，但它们都具有最一般的共同特征——是一个有共同语言、共同地域、共同生活方式（即有共同的经济、社会和文化生活等的具体形式）和共同的民族意识、民族情感的人的共同体。

由于世界各国国情不同，民族形成、民族发育和民族关系不同，不同地域民族的形成和存在方式也各不相同。位于世界东方的中国，最突出的特点是幅员辽阔，民族众多。我国55个少数民族，历史渊源不同，生活和居住环境有别，使得不同的民族所接受的外来文化和文化的交融方式都不尽相同，表现在体育文化上，则是所形成的具有不同民族传统的、各具特色的运动形式。

在中国55个少数民族中，除了新中国成立初期由政府在调查研究和识别基础上正式确定的藏族、维吾尔族、蒙古族、回族、满族和苗族等部分民族外，其他的许多民族，皆是民族学专家和民族工作者根据他们的历史渊源、迁徙变化、语言状况、文化特征、地域联系，特别是群体意愿、民族意识等综合因素逐一确定的。这55个少数民族的格局，为我国少数民族传统体育的发展和丰富，奠定了历史和自然的基础。

在中华民族产生之初，体育与其他文化形态一样，也伴随着人们的生产与生活实践逐渐地出现了。但早期的体育形态具有很大的依附性，一直没有作为一种独立的文化形态展现在人们的日常生活中，尤其是少数民族体育更是如此。随着历史的发展，在不同民族形成过程中，随着历史传统、族群争斗、民族习俗、民族艺术、民族宗教，以及地理环境的影响，以中华民族文化为根基的中国各少数民族的传统体育，开始逐渐形成一个庞大的文化体系，并成为中华传统体育的重要组成部分。

中华少数民族传统体育文化，既是中华体育文化的组成部分，又是中华民族传统历史文化的重要内容。它是在充分地吸收了其他文化形态的精华，并在周围文化环境孕育中，最终形成的一种稳定的文化形态。作为一种民族性的传统体育文化，其与相关诸多文化形态的紧密联系，确定了它在民族文化体系中所体现出的传统文化的多面性。而文化多面性的表现，使少数民族传统体育在发展过程中，将自己的传统文化特征体现得更为显著。由其内部表征看，其特有的文化构成体系、独特的文化价值观念、特定的运动项目和行为特征、特殊的社会功效日益得到了充分的展现；而参加不同运动项目人员的大众性、民族文化的复合性、健身娱乐的实用性、历史发展的阶段性，以及运动项目的地域性，则构成了民族传统体育鲜明的外部特征。因此，中国少数民族传统体育，应该是由各少数民族创造的为获得增强体质的技能而进行的竞技娱乐和民俗教育的一种综合性文化形态，是各少数民族以身体运动为基本方式的一种动态过程的复合体，是民族发展过程中所形成的一种传统的文化生活方式，具有各少数民族自己的特征。

中华少数民族传统体育文化的主体，是分布在各个少数民族中的多样的运动形式。中国少数民族传统体育的发展和形成，并最终以完整的、独立的文化体系存在，数量、种类之多是世界任何一个国家本民族体育形成过程中所不多见的。丰富多彩的少数民族传统体育，是中华民族文化发展的物质基础和庞大的资源系统，是渗透和完善民族文化体系最为重要的因素。它们的延续与发展，无不与不同区域民族的语言文字、岁时节日、生活习俗、伦理道德、宗教信仰、行为准则、价值观念、思维方式、思想意识、心态感情等联系在一起，是各少数民族以体育活动作为中介，表达信任、交情、和谐、互惠等，进行人际交往，建立起民族认同的联系形式和网络。中国的少数民族传统体育如同一个巨大的容器，浓缩着大量极为重要的文化内容，其所表达文化信息的方法和程度是常人难以想象的。

多年来，无论是四年一届的全国少数民族运动会，还是在各省、区、市举办的不同类型的民族运动会，都对不同地区、不同民族的许多体育形式进行了展示。许多民族特点浓厚的传统体育形式，还被列入国家或省、市、县级非物质文化遗产名录，使其得到了进一步保护。时代的变迁，特别是社会的进步、经济的发展，尤其是当代世界文化交流方式和渠道的日益扩大，在我国不同民族和不同传统体育项目得到实时保护的前提下，也为其规范化、科学化和社会化发展提供了良好的机遇。

为了从整体上全面、完整地展示中华少数民族传统体育的概貌，本图录采用中央民族大学民族学与社会学学院院长杨圣敏教授所著《中国民族志》中的民族语言系属分类方法，在对汉语族、满－通古斯语族、蒙古语族、突厥语族、藏缅语族、壮侗语族、苗瑶语族、孟高棉语族、印度尼西亚语族、伊朗语族和斯拉夫语族的各民族的历史及传统体育项目叙述的基础上，以典型图片展示的形式，全面反映中国各少数民族的传统体育形式。

作为一种民族文化形态，当代的少数民族传统体育的张力已经远远超出其最初的祭神娱鬼、强身健体、娱人身心的范畴。其传统内涵的演化，标志着日益发展的社会已经赋予它展现民族精神、弘扬传统文化、倡导新的道德观念、推动民族地区物质文明建设和精神文明建设等崭新的社会职责。因此，我们应该承认，中国的少数民族传统体育这一经久不衰、生命力极其旺盛的文化的存在，充分说明它具有鲜明的时代价值，拥有适宜的生存环境，具有文化继承的广泛受众土壤，显现出中华民族传统体育自身的民族文化价值。

主　编：崔乐泉

副主编：陈　沫（常务）　陈小蓉　王国庆

韦晓康　刘　莉

编　委（按姓氏笔画排序）：

丁玲辉　王建台　韦晓康　任　薇

张延庆　赵昌毅　赵忠伟　顾晓燕

郭东雄　黄罗家　蒋东升　谭广鑫

目　录

1

汉语族
少数民族传统体育

汉语是世界上最古老的语言之一。据有关学者的推测，它至少已有一万年以上的历史了[1]。汉语是在漫长的历史发展过程中形成的，它的形成与发展都和汉族的形成与发展紧密地联系在一起。汉族发源于中原地区，以后不断向四周迁徙与扩延，并在发展过程中融入了众多的其他民族成分。由于历史上人口的迁徙、民族的交往、文化的互动及环境的多样性等各方面因素的影响，造成了不同地区汉族的文化差异，这种差异表现在语言上即是汉语中存在着大量的方言土语。由于方言之间很难进行交流，而为了交流方便，现代汉语已形成了标准语，即普通话。普通话以北方方言为基础，以北京语音为标准音。与此同时，随着中国现代化事业的发展，汉语汉文已日益成为重要的国际通用语言文字。

在中国境内的少数民族中，使用汉语族语言的少数民族只有回族。回族的先民虽然使用过阿拉伯语、波斯语及突厥语族诸语言，但当回族作为一个民族共同体形成时，使用汉语就是回族的一个重要民族特征。

回族使用汉语的过程与其分布特点密不可分。中国各民族的分布格局有多种模式，然而回族分布的广泛性是中国其他少数民族所不能比及的。回族人散居在中国各个地区，且多与汉族杂居。如回族聚居相对较多的西北地区，其人口不及全国回族人口总数的一半，这种分布特点决定了回族为适应所生存的环境必须掌握汉语。

回族族源的多元性也是回族选择汉语作为本民族通用语言的重要因素。回族的先民来自不同的国家和地区，除阿拉伯人外，还包括了波斯人、中亚突厥语族诸民族及中国的汉族、蒙古族、维吾尔族等民族成分。在民族融合的过程中，不同的融合成分原来均有自己固定的语言，如波斯语、阿拉伯语、中亚诸民族语言及汉语、蒙古语、维吾尔语等。回族在形成和发展的过程中，最终选择了汉语作为本民族的共同语言，这既是为了适应其所居住、生活的汉族地区这一特定环境的需要，更是为了使融合成回族的各族成员的语言得以互通。共同语言的形成，是回族形成的一个重要条件。而使用汉语，也是回族区别于中国其他少数民族的一个重要特征。回族文化发展水平之所以与汉族比较接近，是与回族使用汉语及“遍及华夏”的分布特点分不开的。

回族传统体育

回族主要聚居于宁夏回族自治区，在甘肃、青海、河南、河北、山东、云南等省也有不少聚居区。回族是一个人口较多、分布广泛的少数民族。根据 2010 年第六次全国人口普查统计，回族人口为 10 586 087 人。在全国各民族中仅少于汉族、壮族、满族的人口，居于第四位。汉语为回族的通用语言，在日常交往及宗教活动中，回族还保留了大量阿位伯语和波斯语的词汇。

我国回族的起源可追溯到公元 7 世纪中叶，那时有阿拉伯人和波斯人来中国经商，留居在广州、泉州、杭州、扬州等地。历经唐、五代、宋等不同朝代多年的发展，成为回族来源的一部分。公元 13 世纪初，成吉思汗西征东返时，一些中亚细亚人、波斯人和阿拉伯人被编为“探马赤军”（后称回回军），他们与自愿来中国的一些信仰伊斯兰教的商人、工匠和学者，逐渐定居在京杭大运河沿岸及长江中、下游地区，部分则在陕西、甘肃和宁夏平原及六盘山等地区屯垦放牧。而这些地区都成了回族最初的主要分布区域。

回族的分布特点是“大分散，小集中”。由于历史和生活习俗等方面的原因，凡有回族分布的地区，其民众多以清真寺为中心聚族而居，一般是在城市自成街道，在农村自成村落，形成大小不一的聚居区。

回族是一个勤劳、智慧、勇敢、顽强的民族。回族文化深得阿拉伯伊斯兰文化之精髓，又吸收汉族文化之营养。在长期生产和生活实践中，回族创造了航海、文学等方面的光辉历史，为中华民族大家庭灿烂文化的发展做出了贡献。作为回族传统文化的重要组成部分，代表性的传统体育活动主要有射箭、射弩、拔腰、绊跤、踏脚、抱小腰、扭扁担、扳手腕、推步、赛马、赛骆驼、掼牛、“斗鸡”、墙球、打铆球、木球、打毛蛋、打嘚栲、打鞄牛、踢毽子、洒蛋蛋、拔河、跳绳、放风筝、踩高跷、荡秋千、抖空竹、打抛俩、打梭儿、打抛、打石头、扔包、打砖、滚灯、

[1] 屈大均．清代史料笔记：广东新语 [M]. 北京：中华书局，1997.

“赶牛”、“两人三足”竞走、耍狮子、顺风扯旗、擢杆、中幡、耍水、“推车”、赛筐箩、叠罗汉、堆人山、爬山城、拧手指头、对棍、打杈杨、跳格、撂石锁、石担、皮条、杠子、滚灯、滑冰车、方棋、健身气功、武术等。

图 1-1

图 1-2

图 1-1 回族跘跤（韦晓康 摄）
图 1-2 跘跤选手相持不下（中国体育博物馆 提供）

图 1-3

图 1-4

图 1-5

图 1-6

图 1-3 传统踏脚（刘宏章 摄）
图 1-4 踏脚竞技（中国体育博物馆 提供）
图 1-5 赛马（中国体育博物馆 提供）
图 1-6 沙漠赛骆驼（宁夏回族自治区体育局 提供）
图 1-7 打铆球（陈小蓉 摄）
图 1-8 掼牛争霸赛上的选手与牛（中国体育博物馆 提供）
图 1-9 掼牛（李基禄 摄）

图 1-7

图 1-8

图 1-9

图 1-10

图 1-11

图 1-12

图 1-13

图 1-14

图 1-15

图 1-16

图 1-17

图 1-18

图 1-19

图 1-20

图 1-10 木球竞技（韦晓康 摄）
图 1-11 木球比赛激烈争夺瞬间（王守祝 摄）
图 1-12 民间“斗鸡”（中国体育博物馆 提供）
图 1-13 打鞄牛（陈小蓉 摄）
图 1-14 打鞄牛获胜后（陈小蓉 摄）
图 1-15 回族老人踢毽子（中国体育博物馆 提供）
图 1-16 女子“亮”毽（中国体育博物馆 提供）
图 1-17 传统踢毽（中国体育博物馆 提供）
图 1-18 花式跳绳（中国体育博物馆 提供）
图 1-19 跳皮筋（中国体育博物馆 提供）
图 1-20 抖空竹（韦晓康 摄）

图 1-21

图 1-22

图 1-23

图 1-21 打梭儿比赛（中国体育博物馆 提供）
图 1-22 民间打梭儿（中国体育博物馆 提供）
图 1-23 滚灯（中国体育博物馆 提供）
图 1-24“赶牛”（龚小勇 摄）
图 1-25 陀螺竞技（中国体育博物馆 提供）
图 1-26“两人三足”竞走（中国体育博物馆 提供）
图 1-27 拼搏“两人三足”竞走比赛冲刺（中国体育博物馆 提供）

图 1-24

图 1-25

图 1-26

图 1-27

图 1-28

图 1-28 舞狮（李勇 摄）
图 1-29 双狮对垒（广西壮族自治区体育局 提供）
图 1-30 顺风扯旗（中国体育博物馆 提供）
图 1-31 回族传统舞中幡（中国体育博物馆 提供）
图 1-32 “推车”（青海省体育局 提供）
图 1-33 赛笸箩（韦晓康 摄）
图 1-34 举石锁（龚小勇 摄）

图 1-29

图 1-30

图 1-31

图 1-32

图 1-33

图 1-34

图 1-35

图 1-36

图 1-37

图 1-35 回族小伙“秀”石锁（陈小蓉 摄）
图 1-36 胸托巨石（韦晓康 摄）
图 1-37 方棋竞技（中国体育博物馆 提供）
图 1-38 村边方棋之战（中国体育博物馆 提供）
图 1-39 通备拳（中国体育博物馆 提供）
图 1-40 武术家王子平（1881—1973）与女儿、孙子练习双刀战太平刀（中国体育博物馆 提供）
图 1-41 清代民间的滑冰车（引自《北京民间风俗百图》）
图 1-42 弹腿（中国体育博物馆 提供）

图 1-38

图 1-39

图 1-40

图 1-41

图 1-42

图 1-43

图 1-44

图 1-45

图 1-46

图 1-43 查拳（马徽江 摄）
图 1-44 八极拳（中国体育博物馆 提供）
图 1-45 罗汉拳（马振武 摄）
图 1-46 醉拳（中国体育博物馆 提供）
图 1-47 形意拳（马徽江 摄）
图 1-48 心意拳（马徽江 摄）
图 1-49 双棍对打（中国体育博物馆 提供）

图 1–47

图 1–48

图 1–49

图 1-50

图 1-51

图 1-52

图 1-53

图 1-54

图 1-50 徒手对打（马徽江 摄）
图 1-51 四路查拳对破（马徽江 摄）
图 1-52 查刀（马徽江 摄）
图 1-53 查钩演练（马福君 摄）
图 1-54 方天化戟（马徽江 摄）
图 1-55 回族大刀（陈小蓉 摄）
图 1-56 回族重刀（韦晓康 摄）

图 1-57

图 1-58

图 1-59

图 1-57 舞大刀（中国体育博物馆 提供）
图 1-58 五指刀（马徽江 摄）
图 1-59 索莱拐（田彦琪 摄）
图 1-60 流星镖（杨富学 摄）

图 1-60

2

满－通古斯语族少数民族传统体育

满－通古斯语族民族是指使用阿尔泰语系满－通古斯语族语言的民族。阿尔泰语系包括三个语族：满－通古斯语族、蒙古语族和突厥语族。在中国境内共有 18 个民族使用阿尔泰语系的语言。除了中国，在俄罗斯联邦、哈萨克斯坦、乌兹别克斯坦、吉尔吉斯斯坦、土库曼斯坦、阿塞拜疆、土耳其、蒙古、阿富汗、巴基斯坦、伊朗、塞浦路斯以及东欧一些国家也有分布。其中阿尔泰语系民族中人口最多的国家是俄罗斯，其次是中国。

在中国，使用满－通古斯语族语言的民族有满族、锡伯族、赫哲族、鄂伦春族、鄂温克族和朝鲜族。学界对朝鲜族使用语言的归属虽有不同的看法，但多数学者还是根据其语言特点，倾向于其属阿尔泰语系[1]，更有的学者认为，朝鲜族的语言系属大致与满－通古斯语族接近[2]。因此，本图录将朝鲜族归为满－通古斯语族民族。

中国境内的满－通古斯语族各民族历史悠久，源远流长。这些民族及他们的祖先，作为中华民族的重要组成部分，从遥远的古代起就劳动、繁衍生息在内外兴安岭、白山黑水及松辽、松嫩和三江平原这片富饶美丽的土地上。在统一的多民族国家的形成、巩固和发展过程中，这些民族创造了以狩猎和捕鱼为主，兼事采集、游牧和农耕的经济生活，构成了具有鲜明东北区域特点的民族文化。

满－通古斯语族民族的先民可以追溯到 3000 年前有明确文字记载的肃慎。综观古史文献，借助于民族学和考古学的资料，其发展的脉络与轨迹可以归纳为肃慎、挹娄、勿吉、靺鞨、女真以及明清以降的满族、锡伯族、鄂伦春族、鄂温克族、赫哲族等东北诸民族。根据文献记载，早在公元前 11 世纪的西周初期，今黑龙江地区就有肃慎国。至唐代，其后人靺鞨族在镜泊湖畔建立过渤海国，强盛时拥有整个松辽平原。12 世纪初，靺鞨后人女真族曾于会宁府（今黑龙江省哈尔滨市阿城区）建立过大金国，不久灭辽和北宋，成为入主中原与南宋并立的一代王朝。明代后期，女真建州部首领努尔哈赤于今辽宁新宾、辽阳和沈阳建立后金国，后改称大清，入关后建立了清朝。

北方少数民族不断南下中原，中原汉民族也开始向北方迁徙，从而使中原的先进生产技术和文化向北传播。南北民族的大对流，不仅改变了民族人口的分布格局，而且促进了文化的广泛交流和融合。这也使满－通古斯语族民族在整个中国乃至世界历史上居于特殊地位。

满－通古斯语族各民族，历史上曾长期生活于共同的地域，曾具有相同的生产和生活方式；民族之间过从甚密，民族融合现象普遍存在；信仰多神崇拜和万物有灵的原始宗教——萨满教。由于同受萨满教世界观的支配，这些民族在心理、思维方式和审美情趣等诸多方面有着许多相同和相近之处。在传统体育方面，受民族交往和地域文化的影响，其存在着诸多共同点的同时，也随着历史的演进而形成了不同民族传统体育文化的各自特色。

满族传统体育

满族主要分布在辽宁、吉林、黑龙江、河北及北京、天津、西安、宁夏、内蒙古和新疆等省、市、自治区，其他散居全国各地，与汉族杂居。根据 2010 年第六次全国人口普查统计，满族人口为 10 387 958 人，数量仅次于壮族，在我国各民族中居于第三位。满族有自己的语言——满语，满文是 16 世纪末参照蒙古文字母创制的。清朝乾隆、嘉庆以后，满族逐渐习用汉语（文）。

满族在历史上又称满珠，满语为吉祥的意思。满族的源流可以追溯到两千多年前的肃慎以及后来的挹娄、勿吉、靺鞨和女真。到 16 世纪中叶，东北女真的一个部落——建州女真的努尔哈赤完成了女真各部的统一。此后的几十年间，努尔哈赤建立了牛录——八旗制度，创制了满文。1635 年，皇太极废除诸申（女真）旧称，定族名为满洲族，第二年即帝位，定国号为“大清”。1644 年，清军进关，随后统一了全国，其统治中国二百六十多年。

满族的故乡在我国东北的“白山（长白山）黑水（黑龙江）”

[1] 杨圣敏．中国民族志（修订本）[M]. 北京：中央民族大学出版社，2003：429．
[2] 田继周，等．少数民族与中国文化 [M]. 上海：上海人民出版社，1996：18．

一带。经过长期的发展，现在的满族已经分布在我国十几个省、市、自治区，且大多与汉族杂居，其分布特点是大分散之中有小聚居。

古代满族人以渔猎为生，因此他们自古就有重视体育的传统。流行于满族民间较具特色的传统体育活动主要有射箭、射柳条、射兔、射香火、射鹄子、射米团、射镞、“狩猎”、弹弓、布库（摔跤、撩脚）、赛马、斗拐、“桦皮篓”、拉地弓、采“珍珠”、铜锣球、打牛毛球、马球、踢石球、赶石弹、蹴球、绫球、踢行头、弹球、踢毽子、玩嘎拉哈、放风筝、荡秋千、跳百索、抽陀螺、踩高跷、打花棍、打瓦、掷钱、滚铁环、舞中幡、舞龙、杠子、皮条、赛威呼、跳“马”（“骆驼”）、“骑马战”、跑马城、跳房子、老鹞子捉小鸡、过家家、捉迷藏、掉手帕、猫拿耗子、插鸡尾翎、穿树林、推手、勾脚、抗肩膀、“拉网捕鱼”、背哥、双飞舞跑、雪地走、夹兽跳、打冰嘎、溜冰、溜冰车、冰嬉、投沙袋、举重石（刀）、掷子（扔石锁）、秧歌、太平鼓、武术等。

图 2-1

图 2-2

图 2-1 儿童射柳条（中国体育博物馆 提供）
图 2-2 满族弓（韦晓康 摄）

图 2-3

图 2-5

图 2-4

图 2-6

图 2-3 弹弓术（韦晓康 摄）
图 2-4 “狩猎”竞技（韦晓康 摄）
图 2-5 “狩猎”游戏（关槐秀 摄）
图 2-6 摔跤竞技（赵忠伟 摄）
图 2-7 “二贵摔跤”（中国体育博物馆 提供）
图 2-8 传统摔跤（中国体育博物馆 提供）

图 2-7

图 2-8

图 2-9

图 2-10

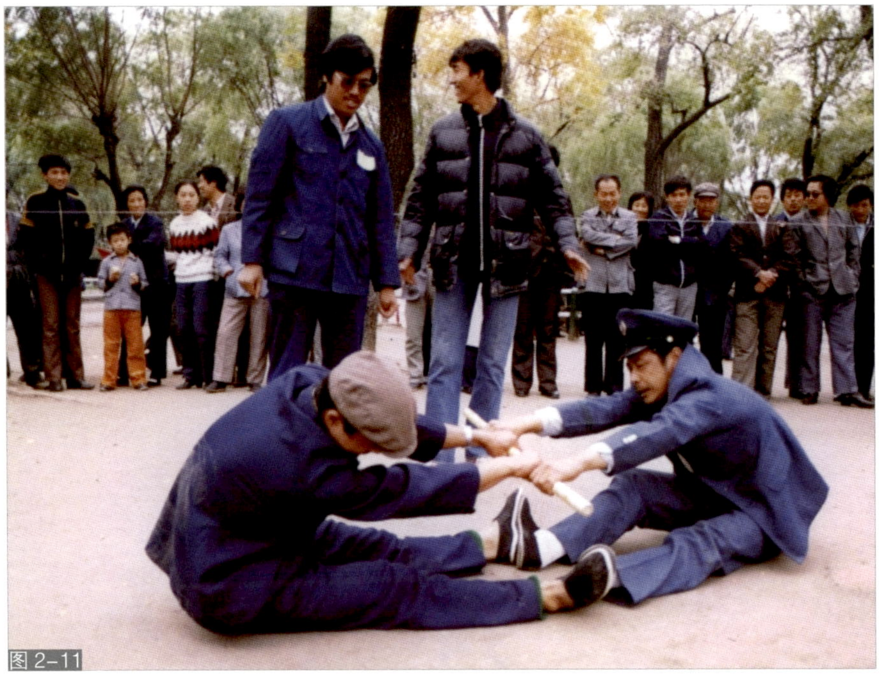
图 2-11

图 2-9 传统赛马（中国体育博物馆 提供）
图 2-10“二贵摔跤”表演（韦晓康 摄）
图 2-11 拉地弓（付万力 摄）
图 2-12 采“珍珠”（中国体育博物馆 提供）
图 2-13 民间踢石球（中国体育博物馆 提供）
图 2-14 蹴球（中国体育博物馆 提供）

图 2–12

图 2–13

图 2–14

图 2-15

图 2-16

图 2-17

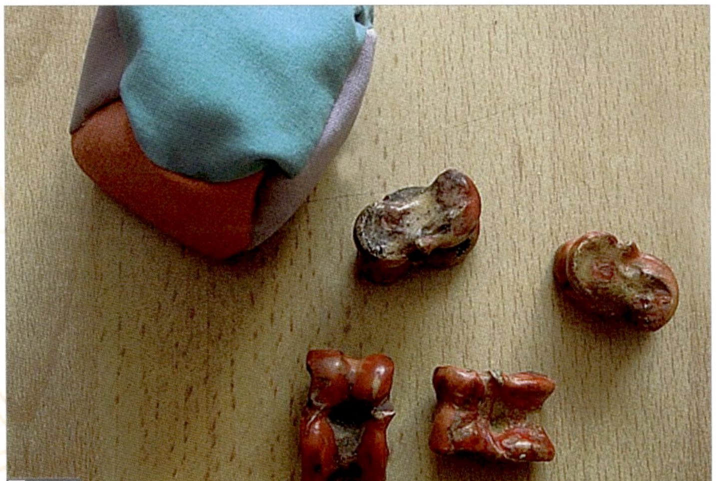

图 2-18

图 2-19

图 2-20

图 2-15 竞技场上的蹴球（中国体育博物馆 提供）
图 2-16 踢行头（中国体育博物馆 提供）
图 2-17 掷嘎啦哈（金大辉 摄）
图 2-18 嘎啦哈和沙包（中国体育博物馆 提供）
图 2-19 儿童玩掷嘎啦哈（金大辉 摄）
图 2-20 绫球（韦晓康 摄）

图 2-21

图 2-22

图 2-23

图 2-24

图 2-25

图 2-26

图 2-21 民间荡秋千（中国体育博物馆 提供）
图 2-22 跳百索（中国体育博物馆 提供）
图 2-23 滚铁环（中国体育博物馆 提供）
图 2-24 满族传统舞中幡（中国体育博物馆 提供）
图 2-25 花样跳绳（韦晓康 摄）
图 2-26 打花棍儿（韦晓康 摄）

图 2-27

图 2-28

图 2-29

图 2-27 空舞中幡（中国体育博物馆 提供）
图 2-28 “骑马战”（中国体育博物馆 提供）
图 2-29 跳“马”（“骆驼”）（中国体育博物馆 提供）
图 2-30 校园中的赛威呼（中国体育博物馆 提供）
图 2-31 跳“马”（“骆驼”）比赛（中国体育博物馆 提供）
图 2-32 赛威呼比赛（中国体育博物馆 提供）

图 2-30

图 2-31

图 2-32

图 2-33

图 2-34

图 2-35

图 2-36

图 2-37

图 2-33 迎面推手（赵忠伟 摄）
图 2-34 勾脚（赵忠伟 摄）
图 2-35 二人三足赛跑（中国体育博物馆 提供）
图 2-36 “拉网捕鱼”（李响 摄）
图 2-37 抗肩膀（李响 摄）
图 2-38 传统“冰”嬉（韦晓康 摄）
图 2-39 抽冰嘎（中国体育博物馆 提供）
图 2-40 冰嘎与“小不点儿”（中国体育博物馆 提供）

图 2-38

图 2-39

图 2-40

图 2-41

图 2-42

图 2-43

图 2-44

图 2-45

图 2-46

图 2-47

图 2-48

图 2-49

图 2-50

图 2-41 舞龙（韦晓康 摄）
图 2-42“雪地”走（金大辉 摄）
图 2-43 传统扔石锁（中国体育博物馆 提供）
图 2-44 单臂撑石锁（中国体育博物馆 提供）
图 2-45 顶石担（中国体育博物馆 提供）
图 2-46 传统秧歌（中国体育博物馆 提供）
图 2-47 太平鼓舞（韦晓康 摄）
图 2-48 一人背哥（侯志华 摄）
图 2-49 传统太平鼓（中国体育博物馆 提供）
图 2-50 大刀表演（中国体育博物馆 提供）

锡伯族传统体育

锡伯族主要分布于辽宁的沈阳、开原、义县、北镇、新民、凤城和新疆维吾尔自治区伊犁哈萨克自治州察布查尔锡伯族自治县，以及霍城、巩留两县，其余散居吉林、内蒙古、北京等地。根据 2010 年第六次全国人口普查统计，锡伯族人口为 190 481 人。锡伯族有自己的语言文字，但 80%以上词汇都借用满语，少数锡伯人使用锡伯语。锡伯族文字则是 1947 年在满文基础上加以改变而成的，主要是新疆锡伯族在使用，东北地区的锡伯族普遍使用汉语文。

锡伯族原是游猎民族，早在公元 5 世纪的南北朝时，他们的祖先鲜卑部落就提弓搭箭、飞马扬鞭，驰骋于呼伦贝尔、绰尔河、松花江、嫩江一带，以打猎捕鱼为生。明末清初，锡伯族人聚居在东北嫩江和松花江流域，隶属于科尔沁蒙古。1692 年（康熙三十一年），锡伯人被编入满洲八旗中的上三旗（镶黄、正黄、正白），分驻齐齐哈尔、伯都纳（今吉林省扶余市）和乌拉吉林（今吉林市）三城，隶属于黑龙江将军和吉林将军。清朝统治者生怕“锡伯人众，恐后生事”，采取了“分散各境，万不可使居一国”的分而治之的政策。1699 年（康熙三十八年）至 1701 年（康熙四十年）间，清政府将三城锡伯族兵丁及其家眷分散迁徙到北京、盛京及其所辖各地效力。这是锡伯族的第一次迁徙。

1764 年（乾隆二十九年），清政府在新疆平定准噶尔和大小和卓之乱以后，在伊犁建立了将军衙门，但仍感兵力不足，于是决定从盛京所辖 17 个城镇抽调年富力强、善于骑射的锡伯兵丁 1 000 人，防御、骁骑校各 10 员，家眷 3 275 口，共计 4 295 人，迁往伊犁驻防，这是锡伯族的第二次迁徙。

因为锡伯族历史上的迁徙，所以形成了今天锡伯族分居我国东北、西北的居住格局。

锡伯族传统体育的特点，与其生活习俗及历史发展有着紧密的关系。早期的锡伯人世代以狩猎、捕鱼为业，在长期的渔猎生活中，锡伯人逐渐形成了勇敢善战的民族性格，也具备了适应自然的各种能力，并创造了颇具特色的体育活动。锡伯族民间典型的传统体育活动主要有射箭、射箭杆儿、射响箭、狩猎、摔跤、赛马、叼羊、荡秋千、放风筝、举重、打瓦、欻嘎拉哈、踢熊头、打“螃蟹”、抓石子儿、捉迷藏、滑冰、“狼”棋、“走京城”、贝勒恩舞等。

图 2–51

图 2–52

图 2-53

图 2-54

图 2-55

图 2-51 响箭比赛（中国体育博物馆 提供）
图 2-52 弓箭制作（中国体育博物馆 提供）
图 2-53 锡伯族射箭比赛（宋士敬 摄）
图 2-54 锡伯族男射箭手（中国体育博物馆 提供）
图 2-55 锡伯族女射箭手（刘成刚 摄）

图 2-56

图 2-57

图 2-56 民间欻嘎啦哈（赵忠伟 摄）
图 2-57 传统摔跤（罗晓光 摄）
图 2-58 打瓦（中国体育博物馆 提供）
图 2-59 聚精会神地欻嘎啦哈（王江 摄）
图 2-60 锡伯族和维吾尔族儿童的滑冰活动（中国体育博物馆 提供）
图 2-61 贝勒恩舞（中国体育博物馆 提供）

图 2-58

图 2-59

图 2-60

图 2-61

赫哲族传统体育

赫哲族主要分布在黑龙江省同江县、饶河县、抚远县，少数散居在桦川、依兰、富饶三县的一些村镇和佳木斯市。根据2010年第六次全国人口普查统计，赫哲族人口为5 354人，为国家重点扶持的人口较少的民族之一。赫哲族使用赫哲语，无本民族文字，通用汉语文。

赫哲族是我国古老的民族之一，其先民长期以来繁衍生息于东北松花江、黑龙江、乌苏里江等流域。赫哲人关于族源、族称和祖先的记忆符号源于史籍，先秦时期称肃慎，汉魏时期称“挹娄”，南北朝时称“勿吉”，隋唐时代称“靺鞨”，辽金元明称“女真”，清初至今称“赫哲”。“鱼皮部”“使犬部”是族际他称，“那乃”“那贝”“那尼傲”“黑斤”“黑津”和“赫真”是赫哲族的自称，皆有“本地人”“东方人”之意，中华人民共和国成立后，统一族名为赫哲族。

黑龙江省是当代赫哲族唯一的聚居省份。千百年来，赫哲人逐江河而生，依青山而立，在戎守边疆中书写着自己民族的历史与文化。

赫哲族是我国北方唯一以捕鱼为业，使用狗拉雪橇（爬犁）的民族。长期的社会生活和民族习俗，使赫哲人积累了丰富的渔猎经验，因而在其传统体育活动中，带有浓厚渔猎风格的体育项目是其特色。流行于赫哲族民间的代表性传统体育活动主要有射箭、木枪射击、“打兔子”、狩猎、叉草人、摔跤、顶杠、拔河、叉草球、鹿毛球、挡木轮、快马子赛、骑狗赛、打爬犁、划船、荡秋千、杜烈其、游泳与潜水、插鱼赛、剥鱼皮赛、恰尔奇刻、冰磨等。

图 2-62

图 2-63

图 2-64

图 2-65

图 2-66

图 2-62 赫哲族射箭（中国体育博物馆 提供）
图 2-63 鱼王顶杠角力（赵忠伟 摄）
图 2-64 传统摔跤（中国体育博物馆 提供）
图 2-65 顶杠（中国体育博物馆 提供）
图 2-66 女子顶杠（尤俊生 摄）

图 2-67

图 2-68

图 2-69

图 2-70

图 2-67 身背木枪的赫哲族男子（中国体育博物馆 提供）
图 2-68 角力拔河（赵忠伟 摄）
图 2-69 女子角力拔河（中国体育博物馆 提供）
图 2-70 民间叉草球（中国体育博物馆 提供）
图 2-71 叉草球比赛（中国体育博物馆 提供）
图 2-72 荡秋千（王昭文 摄）
图 2-73 杜烈其（陈小蓉 摄）

图 2-71

图 2-72

图 2-73

图 2-74

图 2-75

图 2-76

图 2-77

图 2-74 杜烈其比赛瞬间（中国体育博物馆 提供）
图 2-75 剥鱼皮赛（孙志江 摄）
图 2-76 挡木轮（戚恒 摄）
图 2-77“打兔子”（中国体育博物馆 提供）
图 2-78 狗拉爬犁（中国体育博物馆 提供）
图 2-79 滑雪狩猎（中国体育博物馆 提供）
图 2-80 插鱼赛（孙志江 摄）
图 2-81 木制爬犁（王昭文 摄）
图 2-82 赫哲族滑雪板（王昭文 摄）

图 2-78

图 2-79

图 2-80

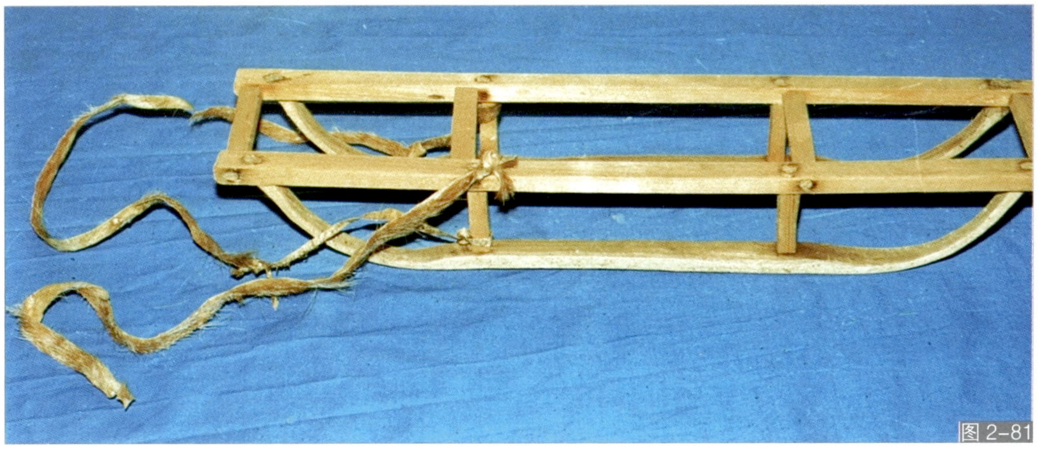
图 2-81

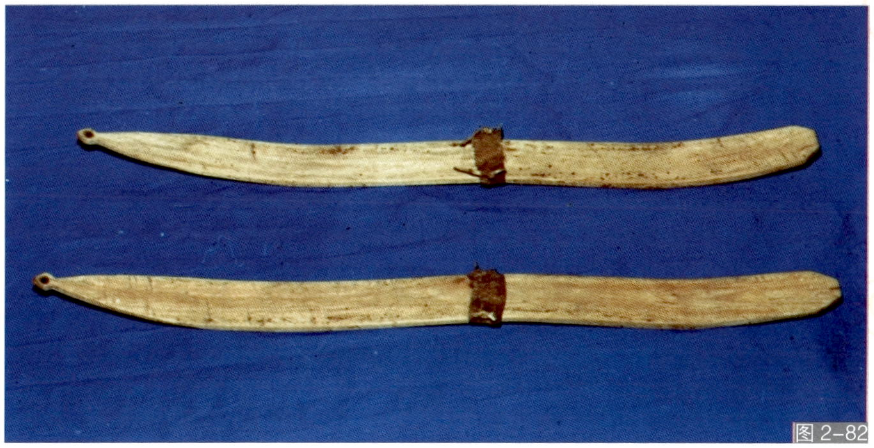
图 2-82

鄂伦春族传统体育

鄂伦春族主要分布在内蒙古自治区和黑龙江省。根据 2010 年第六次全国人口普查统计，鄂伦春族人口为 8 659 人，为国家重点扶持的人口较少民族之一。鄂伦春族使用鄂伦春语，没有本民族文字，通用汉语文。

鄂伦春族自古以来繁衍生息于我国东北地区，是个历史悠久的民族。古代鄂伦春族居住在黑龙江沿岸、内外兴安岭和东海沿岸及库页岛的广阔林海中。由于居住地区的不同，鄂伦春人也有不同的自称或他称。居住在石勒喀河、黑龙江和呼玛河流域的人，《黑龙江志稿》中称为“玛涅克尔”人；居住在精奇里江和黑龙江中游爱辉一带的人，被称为“满珲”人；居住在黑龙江下游和牛满江一带的人，被称为“毕拉尔”人。今逊克县境内的鄂伦春人就自称是“毕拉尔”人。

鄂伦春族在元朝时被称为“林中百姓”；明朝时被称为“栖林”“奇楞”“林中人”；清初被称为“俄伦春”“鄂鲁春”或“俄乐春”等。17 世纪中叶，由于沙俄的入侵，清政府将鄂伦春人相继迁到嫩江流域或大小兴安岭一带。骑马的鄂伦春族属布特哈旗总管衙门管辖；步行的鄂伦春族由半官方“谙达”代清政府收贡。中华人民共和国成立后的 1951 年 10 月 1 日，在大兴安岭小二沟成立了鄂伦春自治旗，鄂伦春族完成了历史上新的飞跃。

长期的狩猎生活使鄂伦春族形成了独具特色的体育文化。鄂伦春族的传统体育文化，多与其狩猎实践、对敌斗争、宗教文化和娱乐生活紧密地联系在一起，尤其是在每年农历四月间的萨满集会日、农历六月初十的“黄火节”、农历八月十五等节日中，都要根据时令进行传统的体育表演和比赛。在鄂伦春族的体育活动中，较具特色的传统项目主要有射箭、射击、狩猎、摔跤、板棍、拉棍、颈力、腕力、赛马、套马、打球、毛皮球、撑竿跳、跳绳、投石、打布鲁、打罐、桦皮船、扛人、抓嘎拉哈、“斗熊”、皮爬犁、滑雪、滑野猪皮雪橇、冰划子、刻耶处、撒布卡和毕老黑、鄂伦春族围棋、篝火舞等。

图 2–83

图 2-84

图 2-85

图 2-86

图 2-87

图 2-83 学习射箭的鄂伦春族儿童（中国体育博物馆 提供）
图 2-84 古伦木沓节上的射箭活动（方征 摄）
图 2-85 狩猎（方征 提供）
图 2-86 射击（方征 摄）
图 2-87 拉棍（孙志江 摄）

图 2-88

图 2-89

图 2-90

图 2-91

图 2-92

图 2-93

图 2-88 古伦木沓节上的拉棍活动（方征 摄）
图 2-89 颈力比赛（方征 摄）
图 2-90 腕力竞技（丘齐龙 摄）
图 2-91 赛马（吕涛 摄）
图 2-92 赛马时疾奔如飞的场景（中国体育博物馆 提供）
图 2-93“迁徙”比赛（方征 摄）
图 2-94 打布鲁（方征 摄）
图 2-95 儿童打罐（中国体育博物馆 提供）
图 2-96 桦皮船制作（方征 摄）

图 2-94

图 2-95

图 2-96

图 2-97

图 2-98

图 2-99

图 2-97 滑雪（中国体育博物馆 提供）
图 2-98 儿童雪爬犁（中国体育博物馆 提供）
图 2-99 雪上爬犁（中国体育博物馆 提供）
图 2-100 冰划子（中国体育博物馆 提供）
图 2-101 班吉（鄂伦春族传统棋艺）（中国体育博物馆 提供）
图 2-102 篝火舞（方征 摄）

图 2-100

图 2-101

图 2-102

鄂温克族传统体育

鄂温克族主要分布在内蒙古自治区和黑龙江省。根据 2010 年第六次全国人口普查统计，鄂温克族人口为 30 875 人，为国家重点扶持的人口较少民族之一。鄂温克族使用鄂温克语，没有本民族文字，通用汉文、蒙古文。

在古代史籍中，“索伦”“通古斯”“使鹿部”都是对鄂温克族的称呼，“鄂温克”是鄂温克族的自称。历史上，鄂温克族人在无数次的迁移中书写着自己民族的历史与文化。祖祖辈辈生活在大森林中的鄂温克族，是森林的守护者，森林文化孕育着鄂温克族人的聪明和才智。

今天的鄂温克族越来越注重本民族传统文化的保护与发展。鄂温克族的桦树皮制作技艺、敖鲁古雅鄂温克婚礼、鄂温克驯鹿文化、老到精湛的狩猎技术，以及各种精美的桦树皮制品，都展示了鄂温克族人民热爱生活、尊重自然的美好思想。

在长期的历史发展过程中，鄂温克族人民形成了本民族独特的衣、食、礼仪、嫁娶等风俗习惯，积累了众多的民间故事和美丽的传说，创造和发展了丰富多彩的民族歌舞和体育活动，因而鄂温克族的传统体育活动也是其生活实践的真实写照。在鄂温克族的体育活动中，较具特色的传统项目主要有射箭、狩猎、摔跤、赛马、马术、套马、驯鹿、曲棍球、抢枢、欻嘎拉哈、桦皮船、滑雪、围鹿棋、熊斗舞、爱达哈喜楞舞等。

图 2–103

图 2-104

图 2-105

图 2-106

图 2-107

图 2-103 鄂温克族射箭（王泽蔚 摄）
图 2-104 鄂温克族传统摔跤（中国体育博物馆 提供）
图 2-105 狩猎（中国体育博物馆 提供）
图 2-106 摔跤比赛胜负即分（内蒙古自治区鄂温克族自治旗 提供）
图 2-107 鄂温克族猎民（中国体育博物馆 提供）

图 2-108

图 2-109

图 2-110

图 2-108 速度赛马（任军川 摄）
图 2-109 马上技艺（中国体育博物馆 提供）
图 2-110 传统套马（丘全东 摄）
图 2-111 套马技艺（内蒙古自治区鄂温克族自治旗 提供）
图 2-112 马上捡银碗（祝珊珊 摄）
图 2-113 争夺银碗（王学林 摄）

图 2-111

图 2-112

图 2-113

图 2-114

图 2-115

图 2-116

图 2-117

图 2-118

图 2-119

图 2-120

图 2-114 驯鹿（中国体育博物馆 提供）
图 2-115 曲棍球竞技（中国体育博物馆 提供）
图 2-116 抢枢（丘全东 摄）
图 2-117 抢枢比赛夺冠瞬间（祝珊珊 摄）
图 2-118 欻嘎拉哈（内蒙自治区鄂温克自治旗体育局 提供）
图 2-119 制作桦皮船（内蒙古自治区体育局 提供）
图 2-120 桦皮船比赛（闫沙庆 摄）

图 2-121

图 2-122

图 2-123

图 2-124

图 2-125

图 2-121 滑雪（中国体育博物馆 提供）
图 2-122 雪地爬犁（中国体育博物馆 提供）
图 2-123 儿童玩围鹿棋（祝珊珊 摄）
图 2-124 围鹿棋竞技（祝珊珊 摄）
图 2-125 爱达哈喜楞舞（中国体育博物馆 提供）

朝鲜族传统体育

朝鲜族主要分布在黑龙江、吉林、辽宁三省，其余散居在山东省、河北省、广东省、内蒙古自治区及北京、上海等地。根据 2010 年第六次全国人口普查统计，朝鲜族人口为 1 830 929 人。朝鲜族有自己的语言文字，其中吉林省延边朝鲜族自治州多数居民使用朝鲜语和朝鲜文，杂居地区的朝鲜族通用汉语文。

我国的朝鲜族是其先民从朝鲜半岛移居到东北地区之后形成的一个民族。作为中国少数民族的朝鲜族，真正被世人所接受和承认是在中华人民共和国成立以后。根据 1949 年制定的《中国人民政治协商会议共同纲领》的有关条款，1952 年在国内最大的朝鲜族聚集地——吉林省延边成立了延边朝鲜族自治州，从此正式出现了具有新内涵的“朝鲜族”这个崭新的名称。在 1954 年《中华人民共和国宪法》颁布以后，朝鲜族人民以中华人民共和国公民的身份登上了新中国的历史舞台。

朝鲜族人民的生活是丰富多彩的。歌舞艺术不仅是青年男女的爱好，就连白发苍苍的老人也常常载歌载舞。无论在田间地头还是工地休息时，一人领唱或敲起长鼓，人们就会踩着节奏高歌，翩翩起舞，而在此基础上形成的民族传统体育文化更具有浓厚的娱乐色彩。朝鲜族的传统体育活动十分普及，较具特色的有摔跤、荡秋千、跳板、拔河、顶罐走、铁连极、投骰、朝鲜象棋、掷栖板、团体操、乞粒舞、长鼓舞、象帽舞等。

图 2-126

图 2-126 朝鲜摔跤（陈小蓉 摄）
图 2-127 力士的较量（陈小蓉 摄）
图 2-128 摔跤冠军获得者（陈小蓉 摄）
图 2-129 双人荡秋千（陈小蓉 摄）
图 2-130 单人荡秋千（康永哲 摄）

图 2-127

图 2-128

图 2-129

图 2-130

图 2-131

图 2-132

图 2-133

图 2-134

图 2-135

图 2-136

图 2-131 花样跳板（李春南 摄）
图 2-132 拔河（中国体育博物馆 提供）
图 2-133 跳板（康永哲 摄）
图 2-134 拔河比赛前的蓄势待发（中国体育博物馆 提供）
图 2-135 顶罐赛跑（中国体育博物馆 提供）
图 2-136 传统顶罐（刘德斌 摄）

图 2-137

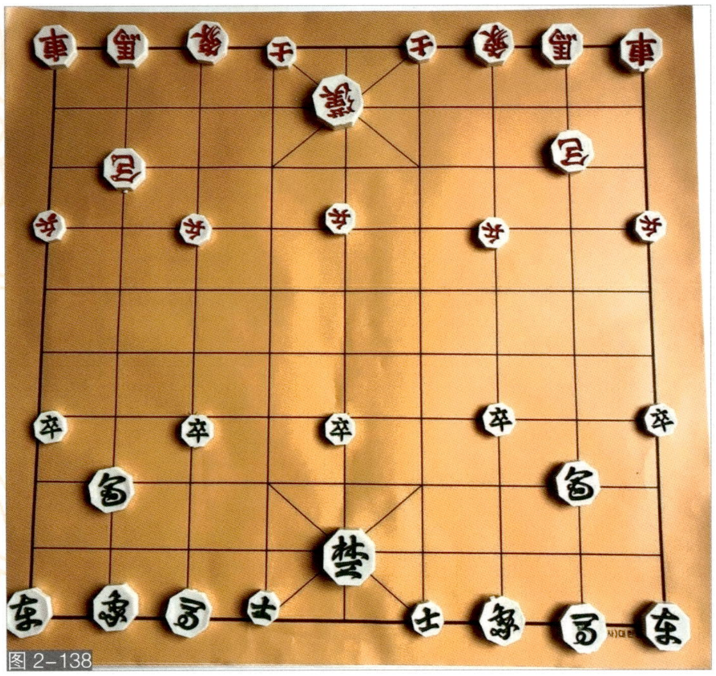

图 2-138

图 2-139

图 2-140

图 2-141

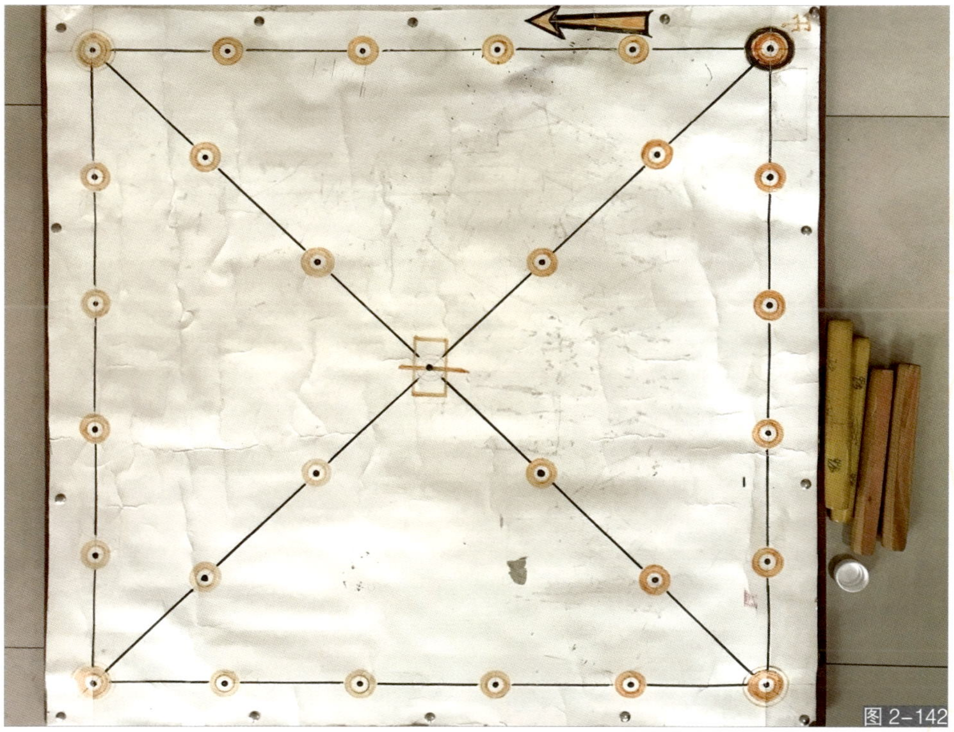
图 2-142

图 2-143

图 2-144

图 2-137 朝鲜族象棋（陈小蓉 摄）
图 2-138 朝鲜族象棋棋盘（陈小蓉 摄）
图 2-139 朝鲜族象棋棋子（陈小蓉 摄）
图 2-140 掷柶板（尤茨）（陈小蓉 摄）
图 2-141 掷柶板（尤茨）之柶板（陈小蓉 摄）
图 2-142 掷柶板（尤茨）之棋盘（又称马田）（陈小蓉 摄）
图 2-143 “画图”游戏用的 48 张画牌（陈小蓉 摄）
图 2-144 “画图”游戏（陈小蓉 摄）

图 2-145

图 2-145 乞粒舞（杨富学 摄）
图 2-146 长鼓舞（中国体育博物馆 提供）
图 2-147 团体操（吉林省延边朝鲜族自治州体育局 提供）
图 2-148 象帽舞（中国体育博物馆 提供）

图 2-146

图 2-147

图 2-148

3

蒙古语族

少数民族传统体育

蒙古语族民族，是指使用阿尔泰语系蒙古语族语言的民族。蒙古语族的语言主要有蒙古语、达斡尔语、东部裕固语、土族语、东乡语、保安语、布里亚特语、卡尔梅克语和莫戈勒语 9 种。其中，使用蒙古语的民族分布于蒙古国和中国内蒙古自治区以及东北、西北各省区；使用达斡尔语的民族分布在中国内蒙古自治区东北部、黑龙江省和新疆维吾尔自治区的塔城地区；使用东部裕固语、土族语、东乡语、保安语四种语言的民族分布在中国甘肃、青海两省；使用布里亚特语和卡尔梅克语的民族分布在俄罗斯，而中国境内则有使用巴尔虎 - 布里亚特方言和卫拉特方言（分别与布里亚特语和卡尔梅克语相近）的民族；至于使用莫戈勒语的民族，则主要分布在阿富汗。

在中国境内使用蒙古语族语言的民族主要有蒙古族、达斡尔族、土族、东乡族和保安族等。历史上，这些民族多以游牧业作为其生产方式，而这一特点使这些民族常常跨越中央王朝所管辖的界线，在更广阔的天地驰骋。

蒙古语族民族所用九种语言之间存在着基本相同的语法体系和大量的同源词。同时各语言之间又互有差异，各有自己的不同于其他语言的特点。

大体上说，蒙古语、达斡尔语、布里亚特语、卡尔梅克语比较接近；东部裕固语、土族语、东乡语、保安语比较接近；而莫戈勒语和以上八种语言都不接近，但从基本特点看，勉强近似于蒙古语、布里亚特语和卡尔梅克语。因此，蒙古语族各语言应该是源于一种“共同蒙古语”。

蒙古语族民族历史上曾创造并使用过突厥文、契丹文、八思巴文等，留下了许多珍贵的文献，创造了丰富多彩的民族文化。蒙古族、达斡尔族、土族、东乡族、保安族这些蒙古语族民族，基本上属于草原畜牧业为主兼狩猎、农耕和手工业经济文化类型。这一特征决定了其在中华文化的形成与发展过程中，构成了一个独具特色的重要体系。在传统体育文化方面，也形成了一系列具有特殊文化内涵的活动形式。

蒙古族传统体育

蒙古族主要分布在内蒙古和新疆、青海、甘肃、黑龙江、吉林、辽宁等省区，其余散居于宁夏、河北、四川、云南、北京等地。根据 2010 年第六次全国人口普查统计，蒙古族人口为 5981840 人。蒙古族有自己的语言文字。文字是 13 世纪初时用回鹘文字母创制的，后经多次改进，现已规范。蒙古族语言文字是内蒙古自治区法定的语言文字之一，在教育、文化、新闻、图书出版、卫生等领域得到了广泛应用。

蒙古族自古以来就繁衍生息在我国北方辽阔的大草原上。据史籍记载，蒙古族始源于大约公元 7 世纪的唐朝望建河（今额尔古纳河南岸）的一个部落，以“蒙兀室韦”之名初见于《旧唐书》。公元 840 年回鹘汗国灭亡后，这个部落的大部分人向西迁移，逐渐同突厥语族民族的居民相融合，当时有 90 个部落分布在东起合刺温山（今兴安岭），西到阿勒台山（今阿尔泰山），南达阴山，北抵菊海（今贝加尔湖）以及谦河（今叶尼塞河上游）和也儿的石河（今额尔齐斯河）上游一带。他们都是后来蒙古族的主要组成部分。公元 12 世纪，蒙古社会中充满了新兴贵族追逐政治、经济的权力之争，原来部落林立的蒙古社会，只剩下蒙古、塔塔尔、克烈、蔑儿乞、乃蛮五大对抗集团。蒙古部落的首领铁木真力量逐渐壮大，连续击败了其他部落，统一了蒙古。1206 年，铁木真在斡难河畔举行了大聚会，被推戴为蒙古大汗，号成吉思汗，建立了蒙古国。从此，“蒙古”也就由原来的一个部落名称，变为民族名称。

1947 年 5 月 1 日，我国第一个民族自治区——内蒙古自治区成立，此外还有三个自治州和八个自治县。其分布特点是大杂居、小聚居。在长期的生产生活中，蒙古族形成了自己独特的生活习惯和生产方式。

长期的游牧生活和草原环境，孕育了具有蒙古族民族特色的传统体育活动。尤其是在传统的那达慕大会上，更成为许多传统体育活动的大展示。在蒙古族的体育活动中，具有代表性的传统项目主要有射箭、博克、踢乌兰、赛马、马术、套马、赛骆驼、赛驴、荡秋千、打布鲁、驼球、打唠唠球、击石球、拳击球、布木格、击剑、抢枢、踢毽子、贵由赤、舞中幡、数嘎啦哈、打木锨、祭海、冰球、雪上爬犁、猎花鹿、沙塔拉、鲍格棋、八门阵棋、啪日吉和武术等。

图 3-1 蒙古族射箭（中国体育博物馆 提供）

图 3-2

图 3-3

图 3-4

图 3-5

图 3-6

图 3-7

图 3-2 乘马射箭（中国体育博物馆 提供）
图 3-3 女子射箭（丁丁 摄）
图 3-4 那达慕大会上的射箭竞技（内蒙古自治区巴彦浩特市体育局 提供）
图 3-5 沙力博尔摔跤（陈小蓉 摄）
图 3-6 博克手（中国体育博物馆 提供）
图 3-7 雪地射箭（祝珊珊 摄）

图 3-8

图 3-10

图 3-9

图 3-11

图 3-12

图 3-13

图 3-14

图 3-8 博克汉子（苏少龙 摄）
图 3-9 踢乌兰（黑龙江省体育局 提供）
图 3-10 传统赛马（祝珊珊 摄）
图 3-11 赛马时的风驰电掣（丁丁 摄）
图 3-12 雪地赛马（祝珊珊 摄）
图 3-13 马术跨越障碍（祝珊珊 摄）
图 3-14 套马瞬间（丁丁 摄）

图 3-15

图 3-16

图 3-17

图 3-18

图 3-19

图 3-20

图 3-15 肩上横人（宝力道 摄）
图 3-16 跑马拾哈达（赵志强 摄）
图 3-17 金秋套马比赛（李欣 摄）
图 3-18 赛骆驼（赵志强 摄）
图 3-19 牧民套马（中国体育博物馆 提供）
图 3-20 赛骆驼（戴有春 摄）

图 3-21

图 3-22

图 3-23

图 3-24

图 3-25

图 3-26

图 3-27

图 3-21 雪原驼姿（李欣 摄）
图 3-22 雪上赛爬犁（祝珊珊 摄）
图 3-23 蒙古驼球（陈小蓉 摄）
图 3-24 冰球竞技（内蒙古自治区体育局 提供）
图 3-25 布鲁情（田瑞峰 摄）
图 3-26 打布鲁选手（田瑞峰 摄）
图 3-27 拳击球（陈小蓉 摄）

图 3-28

图 3-29

图 3-30

图 3-31

图 3-28 抢枢瞬间（陈小蓉 摄）
图 3-29 待抢的枢（陈小蓉 摄）
图 3-30 沙嘎比赛（陈小蓉 摄）
图 3-31 儿童玩沙嘎（中国体育博物馆 提供）
图 3-32 打木锨（李响 摄）
图 3-33 雪上爬犁（中国体育博物馆 提供）
图 3-34 猎花鹿（陈小蓉 摄）

图 3-32

图 3-33

图 3-34

图 3-35

图 3-36

图 3-37

图 3-38

图 3-39

图 3-40

图 3-41

图 3-35 鹿棋（中国体育博物馆 提供）
图 3-36 鹿棋棋盘与棋子（陈小蓉 摄）
图 3-37 蒙古象棋（陈小蓉 摄）
图 3-38 蒙古象棋竞赛（祝珊珊 摄）
图 3-39 牧民下蒙古象棋（祝珊珊 摄）
图 3-40 嘞日吉（陈小蓉 摄）
图 3-41 击剑（内蒙古自治区体育局 提供）

达斡尔族传统体育

达斡尔族主要分布在内蒙古自治区莫力达瓦达斡尔族自治旗、鄂温克族自治旗、布特哈旗、阿荣旗及黑龙江省齐齐哈尔市梅里斯区和富拉尔基区、龙江县、富裕县、嫩江县、爱辉县等，少数居住在新疆塔城市。根据 2010 年第六次全国人口普查统计，达斡尔族人口为 131 992 人。达斡尔族使用达斡尔语，无本民族文字，主要使用汉文，少数人兼用满文、蒙古文和哈萨克文。

“达斡尔”是本民族自称，意为“耕耘者”，最早见于元末明初。此后，在我国史籍中常以“达呼尔”“达古里”“达呼里”“达古尔”“达糊里”“达胡尔”等音译写法，明末称“达奇鄂尔”。达斡尔人最早居住于黑龙江中上游地区，即西起石勒喀河流域，东至黑龙江支流精奇里江和牛满江，北抵外兴安岭，南至大小兴安岭的广阔地区。清天聪年间，为“索伦部”之一部。达斡尔又称“萨哈尔察部”。《清圣祖实录》记载为“打虎儿”。尽管有不同音译写法，指的都是达斡尔这一族称。

关于达斡尔族的族源，多数学者主张其为契丹后裔。其主要论据是契丹族的历史变迁与达斡尔族的历史传说相吻合。契丹语与达斡尔语有很多相同词汇。其生产生活方式较为接近。习俗方面也有许多共同之处，如凿冰捕鱼、放鹰捕猎等。

达斡尔族是勤劳、勇敢、智慧的北方少数民族，悠久的农牧渔猎生活，造就和形成了其独特的民间传统体育运动项目。其中，射箭、摔跤、扳棍、颈力、掘大头、扳手腕、赛马、波依阔、打马球、驮人、拔河、掷坑、陶力棒、寻棒、打枕头、萨克、滑雪、鹿棋、老虎棋等，都是达斡尔族民间较具特色的传统体育项目。

图 3-42

图 3-43

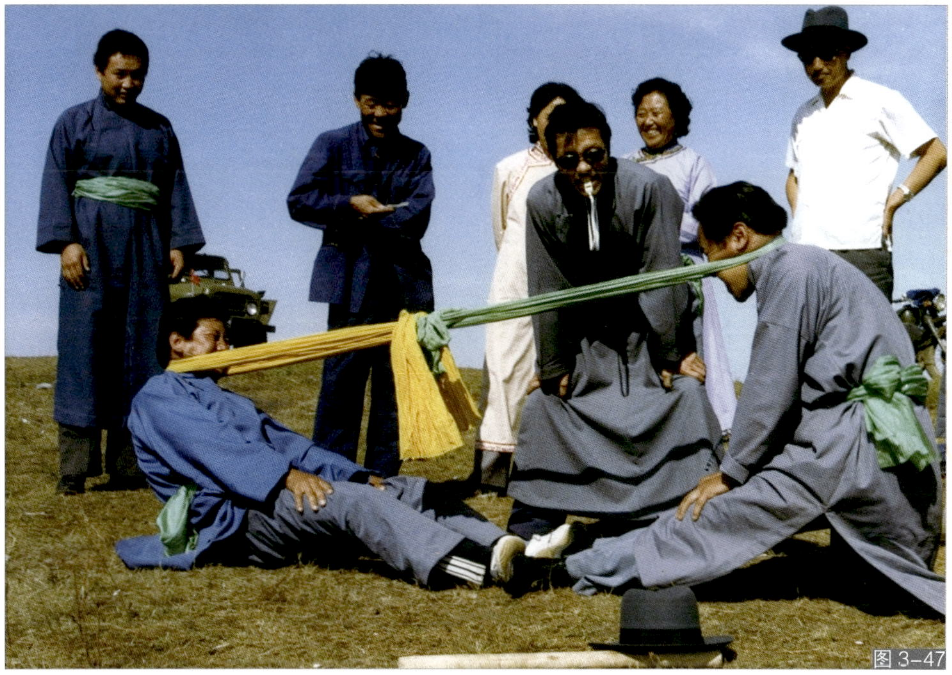

图 3-42 达斡尔射箭（闫沙庆 摄）
图 3-43 射箭教学（内蒙古自治区莫力达瓦达斡尔族自治旗 提供）
图 3-44 摔马跤（陈小蓉 摄）
图 3-45 女子摔跤（内蒙古自治区体育局 提供）
图 3-46 颈力 1（中国体育博物馆 提供）
图 3-47 颈力 2（内蒙古自治区莫力达瓦达斡尔族自治旗 提供）

图 3-48

图 3-49

图 3-50

图 3-51

图 3-48 男子扳棍（李欣 摄）
图 3-49 女子扳棍（内蒙古自治区体育局 提供）
图 3-50 赛马（王学林 摄）
图 3-51 斡包会上的赛马（尼尔基斯 摄）
图 3-52 波依阔（李欣 摄）
图 3-53 古老波依阔文化代代相传（中国体育博物馆 提供）

图 3-52

图 3-53

图 3-54

图 3-55

图 3-56

图 3-57

图 3-58

图 3-59

图 3-60

图 3-54 少年曲棍球（苏伟伟 摄）
图 3-55 打马球（中国体育博物馆 提供）
图 3-56 萨克（内蒙古自治区莫力达瓦达斡尔族自治旗 提供）
图 3-57 儿童玩萨克（内蒙古自治区莫力达瓦达斡尔族自治旗 提供）
图 3-58 掷坑（中国体育博物馆 提供）
图 3-59 老虎棋（内蒙古自治区体育局 提供）
图 3-60 达斡尔族滑雪 （中国体育博物馆 提供）

土族传统体育

土族主要分布在青海省互助土族自治县、民和回族土族自治县、大通回族土族自治县，此外在青海省的同仁、乐都及甘肃省的天祝、肃南、永登、积石山、卓尼等地也有分布。根据 2010 年第六次全国人口普查统计，土族人口为 289 565 人。土族使用土语，分互助、民和、同仁 3 个方言区，语音上有较大差别。大部分土族人兼通汉语和藏语。土族历史上没有文字，1979 年国家帮助土族创制了以拉丁字母为基础的文字。

根据学术界的研究，土族是以古代吐谷浑人后裔为主，并在吸收了蒙古族、藏族等民族成分的基础上，经过长期发展而逐渐形成的。吐谷浑原属辽东鲜卑慕容氏的一支，主要活动在辽东一带。大约公元 4 世纪初，这支鲜卑人在其首领吐谷浑率领下，向西迁到了现在的甘肃和青海两省交界处，逐水草而居，并建立了吐谷浑国。据《新唐书·吐谷浑传》记载，公元 663 年，吐谷浑为吐蕃所灭，各部四散，大部分降于吐蕃，而一部分东迁灵州（今宁夏灵武），还有一部分留居青海东北部故地。五代、宋、辽、西夏期间，史籍又有东迁灵州等地的吐谷浑人重返青海东部河湟故土，与原留后者会合的记载。直到元朝兴起并统一中国后，"吐谷浑"一词不再见于文献记载。但在吐谷浑人的故地，史书上却出现了"西宁州土人""土人"的记载。这些"土人"居住的地方即是今天土族居住的地方。据此，许多历史研究者认为，这些"土人"即是以留居原地的吐谷浑人为主体，在漫长的历史进程中，不断吸收融合了蒙古族、藏族等民族成分而逐渐形成的一个新的民族共同体，即今天的土族。

中华人民共和国成立以后，土族名称被统一确立。土族生存的家园，资源丰富，风景秀美，民风淳朴。他们有着灿烂的民间文化传统，并正在用勤劳的双手建设自己美丽的家乡。

在长期的历史发展过程中，土族人民与各族人民友好相处，用自己的聪明智慧创造出了本民族的文化历史，同时也形成了反映土族自身文明的独具特色的各种传统体育活动。土族的传统体育活动，与生产劳动、传统习惯、宗教信仰、民族历史渊源等紧密相关，内容健康，形式多样。其中，射箭、摔跤、蹬（拉）棍、拔腰、赛马、赛牦牛、打毛蛋、台毽巴嘎、轮子秋、"抓羊"、罕跃、解绷绷、母胡古瓦日、放风筝、丢钱、跳方、武术、"跳安昭"、鼓舞等，都是土族典型的传统体育活动。

图 3-61

图 3-62

图 3-61 赛牦牛（中国体育博物馆 提供）
图 3-62 台毽巴嘎（中国体育博物馆 提供）
图 3-63 轮子秋（青影 摄）
图 3-64 打毛蛋所用圆球（中国体育博物馆 提供）
图 3-65 轮子秋表演者体态轻盈（钱兴强 摄）

图 3-63

图 3-64

图 3-65

图 3-66

图 3-66 轮子秋表演（刘引华 摄）
图 3-67 放风筝（中国体育博物馆 提供）
图 3-68 跳方（中国体育博物馆 提供）
图 3-69 跳安昭（中国体育博物馆 提供）
图 3-70 鼓舞（中国体育博物馆 提供）

图 3-67

图 3-68

图 3-69

图 3-70

东乡族传统体育

东乡族主要分布在甘肃省临夏回族自治州东乡族自治县和临近的广河、和政、临夏、康乐、积石山等县，其余散居在兰州市及宁夏、新疆等地区。根据 2010 年第六次全国人口普查统计，东乡族人口为 621 500 人。东乡族有本民族的语言而无文字，但东乡语中有 40% ~ 50%的词汇与蒙古语相同或相似。大多数东乡人兼通汉语，汉文为东乡族的通用文字。

东乡族是 13 世纪初至 14 世纪初，也就是元末至明中叶由定居在河州东乡（今甘肃省临夏自治州）这一地区的不同民族融合而成的，至今已有 700 多年的历史。最早的东乡族自称“撒尔特”，据《蒙古秘史》等一些史书记载，“撒尔特”的含义泛指中亚一带的穆斯林。根据东乡族自称及近年来一些学者的研究成果，大体上认为东乡族的形成与 13 世纪蒙古军西征有关。在这个过程中，大量的撒尔特人被编入蒙古军或被“签发”东迁，来到东乡地区，逐渐融合了当地一部分蒙古族、汉族及藏族等而逐渐形成东乡族。

自明至清，东乡族一直处在中央政府的统治之下。中华人民共和国成立后，根据东乡族人民的意愿以“东乡族”为其族名。

东乡族人聚居在甘肃中部干旱腹地的群山峻岭中，也许正是由于这种封闭的环境，使他们至今还较为完整地保留着自己的母语——东乡语和伊斯兰教的宗教信仰，以及他们的母语所承载起的悠久的历史文化。

图 3-71

东乡族人民十分崇尚体育活动，当地有许多流传民间的传统体育项目。东乡族的体育文化具有独特的地域特征，其活动形式与东乡人的生产、生活条件和地缘关系、人情世故等环境因素密切相关。一马三箭、放鹰野猎、摔跤、拔棍、踢毛牙、赛马、咕咕杜、跳跎跎、跑火把、三连石击目标、打鞭子、打土块仗、羊皮筏子竞渡、骑木划水、夹木过河、人与牛泅渡等，都是东乡族极具特色的传统体育活动。

图 3-71 呔哑强啦（中国体育博物馆 提供）
图 3-72 女子呔哑强啦（马忠华 摄）
图 3-73 赛马（中国体育博物馆 提供）
图 3-74 赛马超越瞬间（中国体育博物馆 提供）

图 3-72

图 3-73

图 3-74

图 3-75

图 3-76

图 3-77

图 3-78

图 3-79

图 3-75 赛走骡（中国体育博物馆 提供）
图 3-76 制作羊皮筏子（中国体育博物馆 提供）
图 3-77 羊皮筏渡河（中国体育博物馆 提供）
图 3-78 骑木过河（中国体育博物馆 提供）
图 3-79 人牛泅渡（中国体育博物馆 提供）

保安族传统体育

保安族主要聚居在甘肃省积石山保安族东乡族撒拉族自治县境内，少数散居在甘肃省的兰州市、临夏市及青海省、西藏自治区、新疆维吾尔自治区等地。根据 2010 年第六次全国人口普查统计，保安族人口为 20 074 人，为国家重点扶持的人口较少的民族之一。保安族有本民族的语言，由于和汉族、回族等民族交往密切，所以保安语中大约有 40%的汉语借词。保安族大多数人兼通汉语，通用汉文。

元代以来，一批信仰伊斯兰教的中亚色目人，到青海同仁地区戍边屯垦。这批人在同当地蒙古族、藏族、汉族等民族长期交往中，逐步形成了一个民族体，这就是保安族。1225 年成吉思汗第一次西征归来时，将中亚各族的俘虏编入“探马赤军”。1227 年蒙古灭西夏，占领了积石州，包括今青海同仁地区在内的河州地区，成为蒙古军的重要军事据点。1259 年元世祖忽必烈统一中国后，“探马赤军”就地驻扎屯垦，其中屯驻同仁地区的中亚色目人就成了今日保安族的先民。他们在长期与周围其他民族通婚、交往过程中，逐渐形成了一个新的民族共同体——保安族。

自明至清，保安族一直处在中央王朝的统治之下。1862 年（清同治元年），保安族人因生计等原因迁到了现在居住的积石山县大河家地区，从此保安人就在甘肃省繁衍生息。中华人民共和国成立以后，经民族识别，正式定名为“保安族”。

历史上的保安族人民在长期的发展进程中，不仅创造了丰富的物质文明，还创造了灿烂的文化艺术。保安族的传统体育，就是在长期的实践和适应本民族特点中发展起来的。其典型的传统体育项目主要有射箭、打五枪、扽棍、抱腰与拔腰、赛马、抹旗（挥旗）、羊皮筏竞渡、甩抛尕、打石头、夺腰刀、保安族歌舞等。呈现出自发性、普及性与因地制宜的特点，具有地方特色和民族特色。

图 3-80 扽棍（韦晓康 摄）

图 3-81

图 3-84

图 3-83

图 3-82

图 3-81 拔腰（中国体育博物馆 提供）
图 3-82 羊皮筏子（中国体育博物馆 提供）
图 3-83 羊皮筏子渡河（中国体育博物馆 提供）
图 3-84 激流勇进（中国体育博物馆 提供）
图 3-85 甩抛尕（中国体育博物馆 提供）
图 3-86 拔腰激战（中国体育博物馆 提供）
图 3-87 勇夺腰刀（丁生智 摄）
图 3-88 夺腰刀表演（李勇 摄）
图 3-89 抱腰表演（李勇 摄）

图 3-85

图 3-86

图 3-87

图 3-88

图 3-89

突厥语族
少数民族传统体育

4

突厥语族属阿尔泰语系三大语族之一。“突厥”原指中国史籍中记载的公元 6~8 世纪游牧于北方大草原的一个游牧民族。历史上，突厥人在北方曾建立过强大的突厥汗国，而且势力曾延伸到中亚一带，这一民族的语言在发展过程中深受突厥语影响。正因为如此，当代语言学家按照语言谱系分类法，将与突厥语相近的语言归为突厥语族。

在我国，突厥语族民族主要分布在新疆维吾尔自治区境内和青海省、甘肃省的一些地区，其民族包括了维吾尔族、哈萨克族、柯尔克孜族、乌孜别克族、塔塔尔族、撒拉族和裕固族等。这些少数民族使用了突厥语族中的八种语言，即维吾尔语、哈萨克语、柯尔克孜语、乌孜别克语、塔塔尔语、撒拉语、西部裕固语和图瓦语。突厥语族属的民族传统体育，受生活习俗、地理位置和环境的影响，具有较为浓厚的草原特色。

维吾尔族传统体育

维吾尔族主要分布在新疆维吾尔自治区。根据 2010 年第六次全国人口普查统计，维吾尔族人口为 10 069 346 人。维吾尔族人使用维吾尔语，其中有 3 种方言，即中心方言、和田方言和罗布方言。维吾尔语的标准语以中心方言为基础，以伊犁 - 乌鲁木齐语音为标准音。现在维吾尔族全民通用的文字是 19 世纪中叶以阿拉伯字母为基础创制的文字。

维吾尔族是一个历史悠久的民族。早在周朝初年，蒙古高原的东北部有丁零（最早译作“丁灵”），南部有匈奴，阿尔泰山一带有乌揭。秦末汉初，匈奴冒顿单于强盛，建立了匈奴单于国。公元前 176 年，匈奴的右贤王又征服了乌揭、楼兰及以西的西域 26 国，于是丁零和乌揭都成了匈奴的属部。东汉后期，匈奴衰弱，鲜卑西攻，丁零南下，乌揭东进。到了东晋和南北朝，这些民族大融合的结果，形成了东起蒙古高原，西至东罗马帝国的铁勒族。到了隋末唐初，出现了九姓铁勒的强部，建立了回纥汗国。唐朝后期，回纥改译为回鹘，元朝至明朝，又译为畏兀儿。多数学者认为，回纥、回鹘、畏兀儿都是“Uigur”的不同汉字音译。清朝称之为回子，又因宗教人士都头缠白布（“色兰”），有时也称之为缠回。1934 年 8 月，新疆民众反帝联合会常委扩大会讨论提议，以“维吾尔”为该民族的汉译写法。因为它表示维护（维）我们（吾）和你们（尔）的团结之意。后经民国新疆省政府会议决定采用，旋即发布政令，以“维吾尔”为该民族的汉译写法，这一汉译名称从此固定下来，并沿用至今。

维吾尔族是一个深沉而又浪漫的民族，千百年来，用他们火一样的激情和大度深邃的智慧，为祖国新疆的繁盛谱写着一个又一个历史篇章。维吾尔族传统体育活动也多种多样，具有代表性的传统项目有骑射、切里西、帕卜孜、赛马、叼羊、姑娘追、赛骆驼、垒球、拍打毛线球、斗牛、斗鸡、斗羊、斗狗、打嘎儿、萨哈尔地、拔河、跳绳、达瓦孜、顶瓜竞走、奥都卡尔、抢花帽、刀朗赛乃姆、武术等。

图 4-1

图 4-2

图 4-3

图 4-4

图 4-1 维吾尔族骑射（中国体育博物馆 提供）
图 4-2 切里西比赛（张新军 摄）
图 4-3 勇敢的切里西选手（中国体育博物馆 提供）
图 4-4 帕卜孜激战（中国体育博物馆 提供）

图 4-5

图 4-6

图 4-7

图 4-8

图 4-9

图 4-5 跑马（艾拉提 摄）
图 4-6 老年人帕卜孜比赛（艾拉提 摄）
图 4-7 跑马拾哈达（赵戈 摄）
图 4-8 姑娘追（内蒙古自治区体育局 提供）
图 4-9 叼羊（约提克尔 · 尼加提 摄）

图 4-10

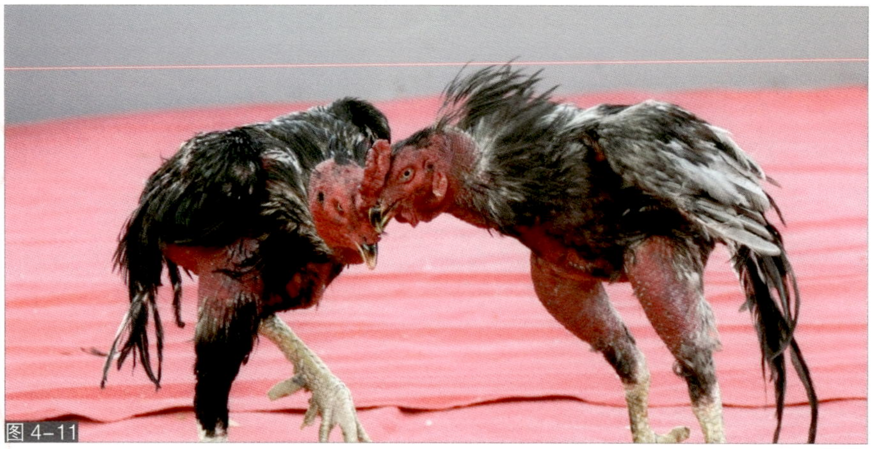
图 4-11

图 4-12

图 4-10 赛骆驼（艾拉提 摄）
图 4-11 斗鸡（王萍 摄）
图 4-12 斗羊（王萍 摄）
图 4-13 萨哈尔地（赵戈 摄）
图 4-14 飘逸的萨哈尔地表演者 1（赵戈 摄）
图 4-15 飘逸的萨哈尔地表演者 2（赵戈 摄）

图 4-13

图 4-14

图 4-15

图 4–16

图 4–16 达瓦孜（刘新 摄）
图 4–17 专注的达瓦孜表演者（陈小蓉 摄）
图 4–18 单刀武术（中国体育博物馆 提供）
图 4–19 儿童拔河（新疆维吾尔自治区体育局 提供）
图 4–20 少年跳绳（新疆维吾尔自治区体育局 提供）

图 4-17

图 4-18

图 4-19

图 4-20

哈萨克族传统体育

哈萨克族主要分布于新疆维吾尔自治区伊犁哈萨克自治州、木垒哈萨克自治县和巴里坤哈萨克自治县，少数分布于甘肃省阿克赛哈萨克自治县和青海省海西蒙古族哈萨克族自治州。根据 2010 年第六次全国人口普查统计，哈萨克族人口为 1 462 588 人。哈萨克族使用哈萨克语，分为西南和东北两个方言，但差别不大。其词汇中有汉语、蒙古语、波斯语、阿拉伯语和俄语的一些借调。哈萨克族现在使用的是以阿拉伯字母为基础的拼音文字。

哈萨克族的祖先可追溯到公元前 2 世纪的乌孙。乌孙当时游牧于伊犁河流域一带的广大地区。汉武帝为了抗击匈奴，曾两次派张骞出使西域，与乌孙建立联盟，促进了相互之间经济、文化的交流。6 世纪中叶，突厥人兴起于阿尔泰山之南，后建立强大的突厥汗国，乌孙故地属西突厥辖地，从此乌孙人中也增加了突厥人的成分。10 世纪中叶，喀拉汗王朝建立，其统治下的康里、奇卜察克、乌古斯等部落与乌孙部落出现了进一步的融合。

12 世纪，七河流域为西辽政权（1128—1192）所统治，历史上哈萨克的先民中又融入了契丹人的成分。13 世纪，蒙古人兴起后征服中亚，进入中亚的蒙古人后来逐渐突厥化。蒙古人中的克烈、乃蛮、篾儿乞等部的一部分也逐渐融合于哈萨克先民之中。15 世纪初，原蒙古四大汗国之一的钦察汗国（又称金帐汗国）逐渐瓦解，在其东部出现了一个分裂政权白帐汗国。白帐汗国在阿不勒海尔汗统治时期，部分属民因不堪忍受其残酷压迫剥削，于 1456 年（明景泰七年）在其首领克烈和加尼别克率领下，东迁到原属察合台汗国东部领地的楚河、塔拉斯河流域地区，建立了政权，自称哈萨克汗国。至此，哈萨克族形成。

如今哈萨克族聚居的故乡，处处草儿青青，牛羊肥壮，马群兴旺，遍地牧歌，充满诗情画意。哈萨克族体育文化具有粗犷、豪放的独特地域特征。以游牧为生的哈萨克族，由于地处特殊的地理环境，马在社会生活中扮演着重要角色，因而传统体育项目与马多有着密切的关系。这些活动是哈萨克族人民长期劳动和生活的结晶。在哈萨克族的传统体育活动中，射元宝、摔跤、赛马、走马赛、赛骆驼、马上角力（马上摔跤）、骑马拾银元、骑马抢布、骑马叼布、骑马拾手绢、叼羊、姑娘追、穿麻袋摔跤、毛线球、拔河、荡秋千、斗羊、猎鹰、掷白骨头、蒙眼捉人、锯木头、滑雪等，是较具特色的竞技运动形式。

图 4–21

图 4-22

图 4-23

图 4-24

图 4-21 赛马选手争先恐后(陈小蓉 摄)
图 4-22 哈萨克赛马 (陈小蓉 摄)
图 4-23 哈萨克摔跤 (张新军 摄)
图 4-24 摔跤教学 (陈小蓉 摄)

图 4-25

图 4-26

图 4-27

图 4-28

图 4-29

图 4-30

图 4-31

图 4-25 雪域赛马（刘跃 摄）
图 4-26 赛骆驼（王萍 摄）
图 4-27 马上角力（约提克尔 · 尼加提 摄）
图 4-28 马上拾银元（中国体育博物馆 提供）
图 4-29 马上角力选手相持不下（约提克尔 · 尼加提 摄）
图 4-30 叼羊选手毫不相让（陈小蓉 摄）
图 4-31 叼羊（居建新 摄）

图 4-32

图 4-33

图 4-34

图 4-35

图 4-36

图 4-37

图 4-38

图 4-32 姑娘追（陈小蓉 摄）
图 4-33 驯鹰汉子（中国体育博物馆 提供）
图 4-34 斗羊（中国体育博物馆 提供）
图 4-35 猎鹰手（新疆维吾尔自治区体育局 提供）
图 4-36 雪中姑娘追（刘新 摄）
图 4-37 锯木头比赛（王萍 摄）
图 4-38 躺倒拔河（中国体育博物馆 提供）

图 4-39 雪中赛马选手你追我赶（王萍 摄） 图 4-40 毛皮滑雪板（中国体育博物馆 提供） 图 4-41 古老滑雪（刘新 摄） 图 4-42 托合孜胡马拉克（哈萨克族传统棋艺）（陈小蓉 摄）

柯尔克孜族传统体育

柯尔克孜族主要分布在新疆维吾尔自治区克孜勒苏柯尔克孜自治州，其余散居在新疆伊犁、塔城、阿克苏、喀什等地，以及黑龙江省富裕县。根据2010年第六次全国人口普查统计，柯尔克孜族人口为186 708人。柯尔克孜族绝大多数居民使用柯尔克孜语。柯尔克孜族使用的文字是以阿拉伯字母为基础创制的本民族文字。

柯尔克孜族历史悠久，早在公元前3世纪，柯尔克孜族的先民就在我国北方的叶尼塞河上游流域一带游牧，当时他们依附于强大的匈奴，《史记》称之为“鬲昆”，《汉书》称之为“坚昆”；公元1世纪中叶，受鲜卑人统治；6世纪，又以“黠戛斯”的族名臣附突厥。公元648年（唐贞观二十二年），唐朝在黠戛斯地建立坚昆都督府，从而使黠戛斯正式纳入唐朝版图。8世纪中叶，黠戛斯受回纥汗国管辖。公元840年，黠戛斯灭回鹘，建立黠戛斯汗国，势力一度达到天山南北的广大地区。黠戛斯和唐朝关系密切，常遣使进贡，往来不绝。公元847年，唐朝册封黠戛斯首领为英武诚明可汗。当时，黠戛斯拥众数十万，胜兵八万，疆域东至骨里干（今安加拉河一带），南邻吐蕃，西连葛逻禄（今新疆吉木萨尔西北、阿尔泰山以西），多次助唐征突厥和平定李克用之乱。

公元10世纪，契丹人建立了辽朝（916—1125），柯尔克孜人受辽统治，被称为“辖戛斯”。1125年金朝建立，称柯尔克孜为“纥里纥斯”。辽朝灭亡后，部分辖戛斯人因战乱迁至大山西部地区。13世纪初，蒙古帝国兴起，柯尔克孜被征服，史籍又称之为“乞儿吉思”或“吉里吉思”。元朝（1271—1368）建立后，柯尔克孜又受其统治。16世纪中叶，柯尔克孜人又向西部的喀什噶尔和费尔干纳盆地一带发展。柯尔克孜人在清代被称为“布鲁特”，并以天山为界，以北者称“东布鲁特”，以南者为“西布鲁特”。辛亥革命后，始定名为“柯尔克孜”。

柯尔克孜人勤劳勇敢，有着自己丰富多彩的传统体育文化。在节日里，人们都要举行各种文娱体育活动，以示庆祝。典型的传统体育项目有射元宝、狩猎、摔跤、颈力拔河、人背角力、阔容铁、“斗鸡”、跨驼比武、赛马、马上角力、飞马拾银、马上对刺、叼羊、追姑娘、赛骆驼、棒击球、包考（牛毛球）、奥尔托托甫（球击圈中人）、拔河、“狼来了”、二人秋、二人翻、跳绳、踢毽子、月下赛跑、月下寻物、扔木棒、藏髁骨、觅知音、吾帕依（羊拐游戏）、丢手绢、藏戒指、抢朋友、剪绳子、攻皇宫、“狼吃羊”棋、九槽棋等。

图 4-43 柯尔克孜摔跤（中国体育博物馆 提供）

图 4-44 颈力拔河（中国体育博物馆 提供）

图 4-45

图 4-46

图 4-47

图 4-48

图 4-49

图 4-50

图 4-51

图 4-45 柯尔克孜族赛马（中国体育博物馆 提供）
图 4-46 柯尔克孜族的猎人们（中国体育博物馆 提供）
图 4-47 猎鹰（刘新 摄）
图 4-48 飞马拾银（章菊花 摄）
图 4-49 叼羊（中国体育博物馆 提供）
图 4-50 叼羊比赛争夺激烈（熊达闻 摄）
图 4-51 叼羊选手互不相让（陈小蓉 摄）

图 4–52

图 4–53

图 4–54

图 4-55

图 4-56

图 4-57

图 4-58

图 4-52 拔河（章菊花 摄）
图 4-53 噢尔达（杨宗友 摄）
图 4-54 二人秋（约克提尔 · 尼加提 摄）
图 4-55 争观噢尔达（杨宗友 摄）
图 4-56 跳绳（新疆维吾尔自治区体育局 提供）
图 4-57 踢毽子（新疆维吾尔自治区体育局 提供）
图 4-58 丢手绢（中国体育博物馆 提供）

图 4-59

图 4-60

图 4-59 吾帕依（中国体育博物馆 提供）
图 4-60 九槽棋（刘新 摄）

乌孜别克族传统体育

乌孜别克族主要分布在新疆维吾尔自治区，多数居住在伊宁、塔城、喀什、叶城、乌鲁木齐等地。根据2010年第六次全国人口普查统计，乌孜别克族人口为10 569人，为国家重点扶持的人口较少的民族之一。乌孜别克族现在大多已不使用本民族语言。住在城市和农村的乌孜别克人多使用维吾尔语，住在牧区的多使用哈萨克语，一般干部、知识分子都兼通汉语。乌孜别克有以阿拉伯字母为基础的拼音文字，但和语言一样已很少使用，而是分别使用维吾尔文、哈萨克文，在知识分子中许多人兼通汉文。

“乌孜别克”是该族的自称，最早来源于14世纪金帐汗国的统治者乌孜别克汗，《元史》中称作“月即别”“月祖别”。14世纪上半期，原属于蒙古帝国四大汗国的金帐汗国，在乌孜别克汗统治下国力强盛，其军民也被称为“乌孜别克人”。15世纪金帐汗国瓦解，原来作为其组成部分的白帐汗国逐渐强大，并占据了今西伯利亚西部和哈萨克斯坦的广大地区，居民主要是各种不同来源的突厥、蒙古游牧民，他们都被笼统地称作“乌孜别克人”。15世纪末至16世纪初，白帐汗国的一部分乌孜别克游牧民在昔班尼汗率领下，南下进入中亚农业地区，先后占领了布哈拉、撒马尔罕、希瓦、塔什干等城市，推翻了帖木儿王朝，与当地操突厥语、从事农业生产的居民逐渐融合，形成了中亚的乌孜别克人。

18世纪50年代，清朝统一新疆。中亚乌孜别克人，特别是来新疆经商的商人日益增多，当时被称为“安集延人”“浩罕人”“布哈拉人”等，其中部分人逐渐在当地定居，这就形成了中国的乌孜别克族。

乌孜别克族是具有悠久历史的民族。其历经几百年沧桑岁月和勤奋开拓，仍保留着自己独特鲜明的民族文化。乌孜别克族的传统体育活动多在传统民族节日里举行，由于长期和其他兄弟民族杂居相处，其传统体育与维吾尔族、哈萨克族大体相同，主要代表性的传统体育项目有摔跤、赛马、追姑娘、叼羊、荡秋千、国际象棋、击木和民族舞等，这些活动既具有自己的民族特色，又具有广泛的群众性。

图4-61

图4-62

图4-61 乌孜别克族摔跤（中国体育博物馆 提供）
图4-62 摔跤选手之间较力（中国体育博物馆 提供）

图 4-63

图 4-64

图 4-65

图 4-66

图 4-63 乌孜别克族赛马（中国体育博物馆 提供）
图 4-64 赛马选手风驰电掣（中国体育博物馆 提供）
图 4-65 叼羊竞技（中国体育博物馆 提供）
图 4-66 追姑娘（中国体育博物馆 提供）
图 4-67 叼羊选手相互争夺（中国体育博物馆 提供）
图 4-68 荡秋千（冯四方 摄）
图 4-69 国际象棋比赛（新疆维吾尔自治区体育局 提供）
图 4-70 乌孜别克族民族舞（宋士敬 摄）

图 4-67

图 4-68

图 4-69

图 4-70

塔塔尔族传统体育

塔塔尔族主要分布在新疆维吾尔自治区的伊宁、塔城、乌鲁木齐、阿勒泰等地。根据 2010 年第六次全国人口普查统计，塔塔尔族人口为 3 556 人，为国家重点扶持的人口较少的民族之一。塔塔尔族有塔塔尔语，但由于长期与周围的维吾尔族、哈萨克族杂居相处，也通用维吾尔语和哈萨克语。塔塔尔族有以阿拉伯字母为基础的塔塔尔文，也通用维吾尔文和哈萨克文，干部和知识分子兼通汉语和汉文。

“塔塔尔”是本民族的自称，我国汉文史籍曾称作“鞑靼”“达达”等。塔塔尔族由古代亚洲北部的保加尔人、奇普恰克人和蒙古人等不同民族长期融合而成。7 世纪前后，居住里海以北草原上的保加尔游牧部落，沿伏尔加河北移，来到中游和卡玛河一带，征服了当地的土著，成立了“伏尔加－卡玛河保加尔部落联盟”。13 世纪，蒙古人西征，征服了保加尔部落联盟，以伏尔加河为中心建立了横跨欧亚、地域辽阔的金帐汗国。蒙古人内部，部落众多，塔塔尔部是其中之一。11 世纪前后，作为蒙古族先民部落之一的塔塔尔部曾强盛一时，声名远扬。13 世纪蒙古西征，当时西方人把蒙古人都笼统地称之为塔塔尔人。15 世纪，金帐汗国衰亡，在原伏尔加河、卡玛河地区出现了一个新的喀山汗国。喀山汗国的统治者为了利用境内居民对蒙古人的恐惧心理来加强自己的统治，就标榜自己是蒙古人的后代，自称“塔塔尔”。此后，汗国内的居民也被称为“塔塔尔人”。16 世纪，喀山汗国归并于俄罗斯，塔塔尔的称号也延续下来，并成为民族名称。我国的塔塔尔族是 19 世纪以来陆续从喀山、斜米列齐、斋桑等地迁徙而来的。他们迁入新疆长期居住，成为我国的一个少数民族。

在我国信仰伊斯兰教的民族中，塔塔尔族是人口最少的一个。但这个人口不到 5000 的民族，却在中国创造了辉煌的历史文化。塔塔尔族人的文化生活丰富多彩，其传统的体育活动多在民族节庆的欢乐日子里举行，尤其是每年春天在迎接春耕的“撒班节”（犁头节）的盛会上，常举行各种体育活动，具有代表性的传统体育项目主要有赛马、摔跤、赛跳跑、拔河、爬杆等。

图 4-71

图 4-72

图 4-71 塔塔尔摔跤（中国体育博物馆 提供）
图 4-72 塔塔尔族赛马（中国体育博物馆 提供）
图 4-73 爬杆争冠（中国体育博物馆 提供）
图 4-74 摔跤选手赛场较力（中国体育博物馆 提供）
图 4-75 民间歌舞（宋士敬 摄）
图 4-76 爬杆赛（中国体育博物馆 提供）

图 4-73

图 4-74

图 4-75

图 4-76

撒拉族传统体育

撒拉族主要聚居在青海省循化撒拉族自治县、化隆回族自治县和甘肃省积石山保安族东乡族撒拉族自治县，其余散居在青海省西宁市、甘肃省夏河县、新疆维吾尔自治区的伊宁县、乌鲁木齐市等地。根据2010年第六次全国人口普查统计，撒拉族人口为130 607人，为国家重点扶持的人口较少的民族之一。撒拉族有本民族的语言，部分撒拉族人兼通汉语或藏语，在文字上使用汉文。

撒拉族人自称“撒拉尔”，意为领兵官，简称“撒拉”。根据撒拉族本民族的传说，他们的先民大约是在元代从中亚撒马尔罕地方迁居到青海省循化地区的，至今已有700年左右的历史。通过东方学者对《伊斯兰大百科全书》（英文版）卷四的中亚历史资料的研究，有一个名为撒拉尔（原名撒鲁尔）的部落，是古代西突厥乌古斯部落（突厥族）的一支，最早游牧在塞浑河、伊犁河流域一带，后来迁入中亚河中地区，10世纪与突厥人后裔塞尔柱人一起建立了塞尔柱帝国。由于受到塞尔柱人的排斥，在1370—1424年，一部分人经过撒马尔罕到了今青海省循化地区，成为今天中国的撒拉族祖先。

撒拉族的先民初来中国时，人数不多，且男多女少。他们在与周围藏族、回族、汉族等民族长期的交往中，不断吸收了新的成分而繁衍壮大。至明朝嘉靖年间，撒拉族人口已达1万余人，约2000余户，逐渐形成为一个民族。清朝初年，仍然沿袭明朝的制度。随着中央集权制的巩固，为加强对撒拉族地区的统治，清朝逐渐在撒拉族地区建立了流官统治。中华人民共和国成立后的1954年，民族识别后根据民族平等原则和本民族的意愿，正式定名为撒拉族。

撒拉族是崇拜雄鹰、敬重苍狼、崇尚力量的民族，在长期的历史发展中，撒拉族人民创造了丰富多彩的传统文化。社会的发展使撒拉族文化从游牧文化演变成一个以农业经济为主干，高度发达、极端成熟的文化形态，并由此繁衍出独特的体育文化。其具有代表性的传统体育项目主要有摔跤、拔腰、蹬棍、赛马、骑术、踢毽子、打“蚂蚱”、打缸、打瓦、耍哑铃、放木筏、羊皮筏子、赛瓦、游泳、溜道滑柴等。这些传统体育活动是撒拉族人勤劳勇敢的优秀品质的象征。

图 4–77

图 4-78

图 4-79

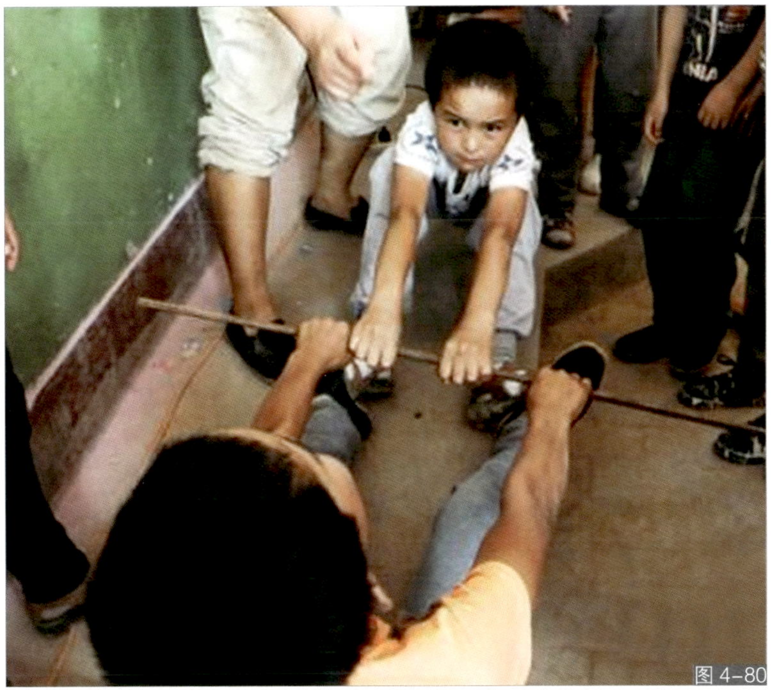
图 4-80

图 4-81

图 4-77 蹬棍（中国体育博物馆 提供）
图 4-78 拔腰（中国体育博物馆 提供）
图 4-79 撒拉族摔跤（中国体育博物馆 提供）
图 4-80 儿童蹬棍（中国体育博物馆 提供）
图 4-81 打“蚂蚱”（中国体育博物馆 提供）

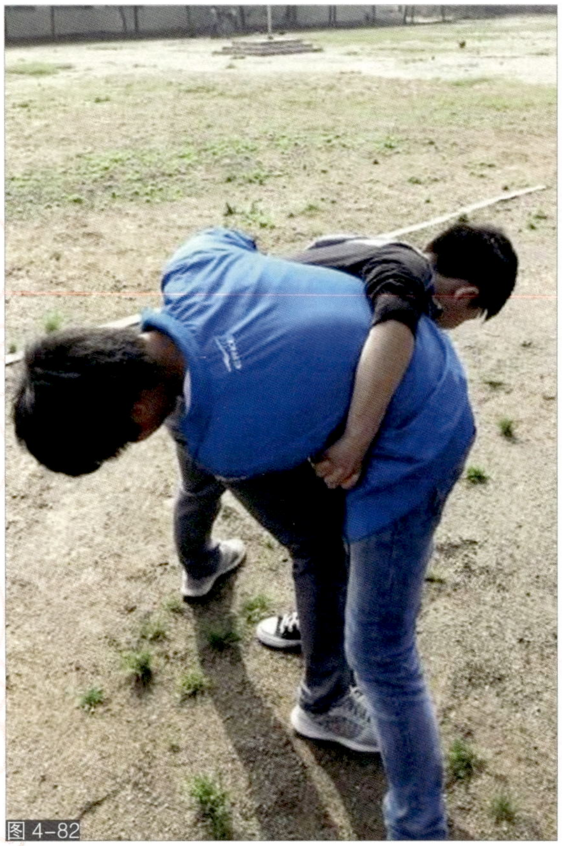
图 4-82

图 4-83

图 4-84

图 4-85

图 4-82 拔腰少年（中国体育博物馆 提供）
图 4-83 赛瓦（中国体育博物馆 提供）
图 4-84 背羊皮胎的撒拉族老人（张玉薇 摄）
图 4-85 打“蚂蚱”比赛（朱于湖 摄）
图 4-86 用羊皮胎子渡河（王陈青马 摄）
图 4-87 打缸（中国体育博物馆 提供）
图 4-88 儿童用羊皮胎渡河（中国体育博物馆 提供）

图 4-86

图 4-87

图 4-88

裕固族传统体育

裕固族主要分布在甘肃省肃南裕固族自治县和酒泉市黄泥堡裕固族乡。根据 2010 年第六次全国人口普查统计，裕固族人口为 14 378 人，为国家重点扶持的人口较少民族之一。裕固族人数虽少，却分别使用 3 种语言：居住在肃南西部地区的裕固族使用尧乎尔语；居住在肃南东部地区的裕固族使用恩格尔语；居住在酒泉市黄泥堡的裕固族使用汉语。汉文是各地区通用的文字。

裕固族自称“尧乎尔”，它渊源于我国古代北方古老的民族回纥（又称回鹘），与维吾尔族同源，至今已有 1300 多年的历史。

回纥是个游牧民族，唐代时分布在今蒙古国色楞格河和鄂尔浑河流域。公元 744 年，回纥首领骨力裴罗建立了雄踞北方草原的回纥汗国，与唐朝关系十分密切。公元 809 年，回纥遣使入朝，请求唐朝允许其改“回纥”为“回鹘”。公元 840 年，回鹘汗国被居于其北部的黠戛斯部所灭，引起了回鹘历史上的大迁徙，其中西迁者有 3 支：一支迁到了西州（今吐鲁番），称高昌回鹘，即今维吾尔族祖先；一支迁到葱岭以西；第三支迁到了河西走廊一带，称甘州回鹘（亦称河西回鹘）。1028 年，甘州（今张掖）被西夏攻陷，甘州回鹘各部四散，大部分处于西夏统治下，除与当地民族融合外，一部分退处沙州即今敦煌以南，保持相对独立性。这部分回鹘人在宋史中被称为“黄头回鹘”，元代又被称为“撒里畏兀儿”。一般认为“撒里”即“黄色”，“畏兀儿”即“回鹘”。到了明代史料中，就称裕固族先民为“撒里畏兀儿”。

明代中后期，撒里畏兀儿人陆续东迁到祁连山北麓。当时一些蒙古族部落也同之东迁，和裕固族祖先长期共同生活，相互融合，逐渐形成一个新的民族共同体——裕固族。后来，当地的部分汉族、藏族也逐渐融合进了裕固族之中。清朝时，统治者按照裕固族各部落所处的地域，将裕固族划分为“黄番七族”，并分封部落头目加以管辖。历经沧桑，中华人民共和国成立前，裕固族只剩 3 000 余人。1954 年肃南裕固族自治县成立时，经过裕固族人民的充分协商讨论，一致同意用与“尧乎尔”音译相近的“裕固”（兼有汉语富裕巩固之意）作为全民族统一的民族称谓。

裕固族所生活的河西走廊中段，是一片断断续续的戈壁绿洲。他们在这里从事着农业、畜牧业经济，并顽强地传承着自己弥足珍贵的语言和文化传统。裕固族在漫长的岁月里，创造出了许许多多适合本民族特点的体育活动，具有代表性的项目有射箭、摔跤、顶牛、顶杠子、掰手腕、拉棍、拉爬牛、赛马、骑雪马、套马绳、叼羊羔、赛骆驼、打撂抛、打“蚂蚱”等。这些体育活动集健身、娱乐、生产、融洽人际关系为一体，丰富了裕固族人民的生活。

图 4-89

图 4-90

图 4-89 裕固族射箭（大漠雄鹰 摄）

图 4-90 女子射箭（中国体育博物馆 提供）

图 4-91 摔跤选手相互较着（甘肃省体育局 提供）

图 4-92 摔跤竞技（大漠雄鹰 摄）

图 4-93 拉棍（中国体育博物馆 提供）

图 4-94 拉棍获胜瞬间（大漠雄鹰 摄）

图 4-95 走马赛（大漠雄鹰 摄）
图 4-96 赛马（聂建江 摄）
图 4-97 集体赛骆驼（牧雪祁连 摄）
图 4-98 双人赛骆驼（中国体育博物馆 提供）
图 4-99 拉“爬牛”（聂建江 摄）
图 4-100 顶杠子（大漠雄鹰 摄）
图 4-101 掰手腕（李勇 摄）

图 4-95

图 4-96

图 4-97

图 4-98

图 4–99

图 4–100

图 4–101

5

藏缅语族

少数民族传统体育

藏缅语族是汉藏语系的语族之一。汉藏语系诸语言的共同特点是其基本词汇以单音节为主，而且每个音节有固定的声调，在短语中有丰富的类别词。其中的藏缅语族语言，其语法次序是先主语，次宾语，又次动词。在语法结构上是先名词，次形容词。

在我国境内，使用汉藏语系藏缅语族语言的民族有 17 个，即藏族、门巴族、彝族、哈尼族、傈僳族、拉祜族、纳西族、基诺族、羌族、普米族、景颇族、独龙族、阿昌族、土家族、白族、怒族、珞巴族。此外，还有一些小族群未被识别。根据藏缅语族的特点，这些少数民族的语言还归为不同的语支。其中使用藏语支语言的民族有藏族、门巴族；使用彝语支语言的民族有彝族、哈尼族、傈僳族、拉祜族、纳西族、基诺族；使用羌语支语言的有羌族、普米族；使用景颇语支语言的有景颇族、独龙族；使用缅语支语言的有阿昌族；另外土家族、白族、怒族、珞巴族等民族语言的语支未定。各民族内部不同支系语言之间有比较大的方言土语差别。

藏缅语族少数民族主要分布在青藏高原、横断山脉、云贵高原以及长江三峡流域的丘陵山区。这里是东亚、东南亚和南亚主要河流的发源地，幅员辽阔，江河密布，峡谷纵深。其特殊的地形地貌及复杂的气候条件，富集的自然资源以及多样性的人文环境，对藏缅语族传统文化的形成与发展，产生了深刻的影响。

藏缅语族诸民族的历史渊源与上古时期活动在西北地区的氐羌人有着密切关系。有的是在向西南地区迁徙、流动、定居的过程中，融合当地百濮或百越族系的部众形成了新的共同体；有的在本土兴起过程中，通过征服许多氐羌部落，逐渐发展壮大为独特的民族集体。因此，古代氐羌人的耕牧经济、火葬习俗、父子联名制、转房婚姻、原始宗教信仰等一些文化特征，在藏缅语族民族，特别是在彝语支民族中仍有延续。

在漫长的历史变迁中，藏缅语族民族内部形成了三大文化区。青藏高原是以高原草场畜牧型经济和信仰藏传佛教为主要特征的藏文化区；云贵高原是以山地混合农业经济和信仰原始宗教为主要特征的彝语支民族文化区；而横断山脉则是这两大文化与汉文化互动形成的一条民族走廊，在这里，羌族、普米族、纳西族、怒族、独龙族、门巴族、珞巴族等人口较少民族，被称为这条“藏彝民族走廊”文化区中的族群，他们以山地耕牧经济和信仰多种宗教为特征。上述三大独特的文化区的长期积淀，使得藏缅语族少数民族的传统体育文化带有浓厚的山林游耕文化特色。

藏族传统体育

藏族主要分布于青藏高原，聚居在西藏、青海、甘肃、四川、云南等省区。根据 2010 年第六次全国人口普查统计，藏族人口为 6 282 187 人。藏族有自己的语言和文字，其中藏语分为卫藏、康藏、安多三大方言区。藏族使用的文字属拼音文字，有楷体和草体之分，藏文的使用规则全藏区基本一致。

根据文献记载，公元 6 世纪时，西藏山南地区的雅隆部落首领成为当地部落联盟的领袖，并与汉族有直接的往来。公元 641 年，赞普（王）松赞干布与唐朝文成公主联姻，并受封于唐，与中原关系日渐密切，对藏族社会的发展起了积极作用。元朝把藏族地区置于中央王朝统一治理之下，正式设官建制。明朝及明朝以前的汉文史籍中，把藏区和藏族统称为“吐蕃”，同时明朝也称其为“乌斯藏”，明朝也在这里设置了行都指挥使司等地方行政机构。到了清朝，称其为“图伯特”，并正式册封达赖喇嘛和班禅额尔德尼，设立西藏地方政府“噶厦”，并任命驻藏大臣，清康熙时始有“西藏”之称呼。

20 世纪 50 年代，西藏和平解放。经过民主改革，废除了“政教合一”的封建农奴制度，雪域高原真正实现了阳光普照。藏族人民和其他各族人民一道，用勤劳与智慧建设着真正属于自己的家园，翻开了社会主义新西藏灿烂的一页。

藏族传统体育是藏族文化的典型代表，长期落后的经济水平和封闭的自然环境，使藏民族传承下来的体育项目表现出原始的粗犷和质朴。其中射箭、射碧秀、射击、摔跤、加哲（角力）、顶头、蹬棍、拉棍、拔腰（互背）、达久（赛马）、马术、赛牦牛、押加（拔河）、“顶牦牛”、马球、朵加（抱石头）、举皮袋、俄尔多、风筝、秋千、赶喽喽（赶猪）、娃郎得（赶牛）、打牛角、赛跑、跳高、跳远、游泳、牛皮船竞渡、登山、倒立技巧、爬杆、腹卧钢刀、跳绳、套图、丢窝、撑舌、吉韧（康乐球）、藏棋、藏牌、投骰子、投钱、锅庄等体育活动都是藏族世代相传的代表性项目。

图 5-1 藏族射箭（禹江宁 摄）

图 5-2

图 5-3

图 5-4

图 5-5

图 5-2 响箭（陈小蓉 摄）
图 5-3 射碧秀（普布次仁 摄）
图 5-4 跑马打枪（觉果 摄）
图 5-5 藏式摔跤（中国体育博物馆 提供）
图 5-6 藏族大力士（陈小蓉 摄）
图 5-7 格吞（侯蓉华 摄）
图 5-8 “大象拔河”（四川省阿坝州体育局 提供）

图 5-6

图 5-7

图 5-8

图 5-9

图 5-10

图 5-11

图 5-12

图 5-13

图 5-14

图 5-9 康巴藏族的格吞比赛（韦晓康 摄）
图 5-10 康巴赛马（韦晓康 摄）
图 5-11 拉棍（胡小明 摄）
图 5-12 骑马拾哈达（廖攀 摄）
图 5-13 马上技巧（王瑞林 摄）
图 5-14 骑马扔石头（陆欣 摄）

图 5-15

图 5-16

图 5-17

图 5-18

图 5-15 赛牦牛（崔利英 摄）
图 5-16“顶牦牛”（韦晓康 摄）
图 5-17 牧民赛牦牛（四川省阿坝州体育局 提供）
图 5-18 藏族马球（涂国玺 摄）
图 5-19 朵加（崔利英 摄）
图 5-20 杆技（丁玲辉 摄）
图 5-21 俄尔多比赛（韦晓康 摄）
图 5-22 俄尔多竞技者（韦晓康 摄）

图 5-19

图 5-20

图 5-21

图 5-22

图 5-23

图 5-24

图 5-25

图 5-26

图 5-27

图 5-23 吉中木（藏族传统棋艺）（黄垠鹏 摄）
图 5-24 吉布杰曾（藏族传统棋艺）（中国体育博物馆 提供）
图 5-25 马奈锅庄表演（四川省阿坝州体育局 提供）
图 5-26 千人锅庄（高禄 摄）
图 5-27 密芒（藏族传统棋艺）（中国体育博物馆 提供）

门巴族传统体育

门巴族主要分布在西藏自治区墨脱县、错拉县、林芝县和门隅地区。根据2010年第六次人口普查统计，共有门巴族人口10 561人，为国家重点扶持的人口较少民族之一。门巴族使用门巴语，但方言差别较大，多通晓藏语。门巴族无本民族文字，通用藏文和汉文。

“门巴”，原是藏族对门巴族的称呼，现已成为门巴族的自称，意思是居住在门隅的人。住在不同地域的门巴人，还各有不同的自称。门巴族居住的地方，很早就属于中国西藏的一部分。据藏文史籍记载，门巴族的先民，很早就在西藏的喜马拉雅山区繁衍生息。13世纪时，门巴族为元朝所统治，14世纪中叶到15世纪初叶，门隅地区成为竹巴噶举派的世袭领地。17世纪中叶，黄教兴起，在门隅建立宗康（宗本衙门），扩建达旺寺，开始了政教合一的统治。19世纪中叶以后，清朝驻藏大臣和西藏地方政府为加强对门隅地区的统治，除派两名“拉业”（管事）监督管理该区事务外，还授予错那宗和达旺寺以管理门隅地区的实权。历史上，著名的达旺寺作为门隅政治、经济、文化和宗教的中心，与拉萨地方政府、哲蚌寺长期以来保持着密切联系，直到1951年，该寺的历任堪布还由拉萨哲蚌寺的洛色林扎仓委派。1959年，门巴族人民聚居的墨脱县以及错那县、林芝县等人民政权相继宣布成立，门巴族进入了一个崭新的历史时期。

门巴族的传统体育文化与本民族的生存环境、生产和生活方式、文化习俗以及宗教信仰等因素密切相关。它既与藏族体育文化有一定联系，同时又具有鲜明的特色。具有代表性的体育项目有米嘎巴（射箭）、狩猎、顶牛、赛马、拔河、跳高、攀藤索、投石、龙普勒（抱石）、巴羌舞、巴门戏等，表现出了浓厚的民族性、生产性、娱乐性、竞争性和健身性等基本特征。

图 5-28

图 5-29

图 5-28 门巴族米嘎巴（中国体育博物馆 提供）
图 5-29 门巴戏（普布扎西 摄）
图 5-30 龙普勒（中国体育博物馆 提供）
图 5-31 赛马（丁玲辉 摄）
图 5-32 女子大力士（丁玲辉 摄）
图 5-33 抱重物比赛（丁玲辉 摄）
图 5-34 巴羌舞（格桑达瓦 摄）

图 5-30

图 5-31

图 5-32

图 5-33

图 5-34

彝族传统体育

彝族主要分布在云南、四川、贵州和广西四省区，主要聚居区有四川凉山彝族自治州，云南楚雄彝族自治州、红河哈尼族彝族自治州，贵州毕节地区和六盘水地区等。根据 2010 年第六次全国人口普查统计，彝族人口为 8 714 393 人。彝族有自己的语言，按其差异特征可分为 6 个方言区，各种方言之间有比较大的差别。彝族有自己古老的文字，通称“老彝文”。

彝族是先秦时期活跃在中国西北地区的氐羌族群的一部分南迁后，融合当地土著族群逐渐形成的民族共同体。据彝文古文献记载，彝族先祖“笃慕”最早在云南省东北部建立强大的奴隶制政权。约在公元前 4—3 世纪形成了滇池、邛都（今四川西昌）、夜郎（今贵州安顺）3 个政治经济和文化中心。西汉时期，汉武帝分别在滇国区域设立益州郡、在邛都设立越西郡、在夜郎设立牂牁郡，彝族地区遂正式纳入中原王朝统治的范围。东汉、魏晋时期，西南各民族泛称为“夷”。晋以后，彝语支民族的先民被称为“爨”和“乌蛮”。

公元 8 世纪前后，在云南哀牢山北部和洱海地区出现了六大乌蛮部落集团，史称“六诏”，后“蒙舍诏”首领皮罗阁建立了以彝族为主体，包括白族、纳西族等民族先民在内的“南诏国”。元朝时，在实施军屯的同时，大规模推行民屯和商屯，使得汉族人口大量增加。自古为彝族聚居区的滇池、曲靖、临安、楚雄、玉溪等地，也成为彝汉杂居区。清朝统治时期，在西南边疆政治全面推行“改土归流”和征服政策，导致集中连片的彝族地区被分割，使得各地彝族之间的政治经济和文化联系中断，各自求生存与发展，形成了几十个文化上有较大差异、经济上发展极不平衡的支系。

由于历史和环境等因素，彝族支系繁多，民族自称复杂。其中以“诺苏泼”“纳苏泼”“聂苏泼”作为自称的占 50%以上，意思是“尚黑的民族”。其他自称还有“撒尼”“阿细”“密撒”“罗罗”“山苏”等。中华人民共和国成立后，经民族识别，并按照彝族群众的共同意愿，以鼎彝之“彝”作为统一的民族名称。

彝族人世代居住于云贵高原和康藏高原东南部边缘地带的高山河谷间。作为一个创造了古老文明的民族，彝族的文字、文学、历法、哲学、宗教、艺术等，都有着自己独特的价值系统。彝族文化具有十分优秀的传统，其传统民族体育活动也打上了清晰的民族烙印。面对崇山峻岭，濒临深谷急流，应对高寒的气候和频繁的灾害，彝族先人在与天斗、与地斗的过程中，培育和发展了具有竞争性、对抗性的体育项目。其中，较具代表性的传统体育活动主要有射箭、射弩、弹弓、摔跤、互布吉则（蹲斗）、扭（顶）扁担、杠术、顶头、翻腰、抵肩、“斗鸡”、对手拉、赛马、棕球、皮球窝、跳鸡毛球、小包团、叶子球、斗牛、耍龙、耍狮子、荡秋千、打陀螺、“老虎”抢蛋、擦掌背、跳竹竿、滚草墩、爬杆、跳火绳、跳板凳、跳小单门、跳大单门、跳高脚马、跳“牛”、跳大火钳、赶“老牛”、飞标、飞石索、葫芦飞雷、爬油竿、吉菠基伸、设渡比拉、抓石子、弹豆、跳大海、蹲走赛、舂“谷子”、绵羊拉绳、拔“萝卜”、尔满古、阿克登登士、十六赶将军、月亮棋、吃一跳、跳花鼓、武术、阿细跳月等。

图 5-35

图 5-35 传统弩射（中国体育博物馆 提供）
图 5-36 彝族射弩（朱嘉凯 摄）
图 5-37 民间摔跤（江宏景 摄）
图 5-38 “斗鸡”（张鸿力 摄）
图 5-39 摔跤的老人（方征 摄）
图 5-40 女子“斗鸡”（张鸿力 摄）

图 5-36

图 5-37

图 5-38

图 5-39

图 5-40

图 5-41

图 5-42

图 5-43

图 5-44

图 5-41 彝族赛马（江宏景 摄）
图 5-42 彝族儿童赛马（涂德海 摄）
图 5-43 斗牛（中国体育博物馆 提供）
图 5-44 磨磨秋（贵州省体育文化宣传信息中心 提供）
图 5-45 观音秋（王述悚 摄）
图 5-46 打磨秋（梁汉昌 摄）
图 5-47 跳花鼓（罗涵 摄）

图 5-45

图 5-46

图 5-47

图 5-48

图 5-49

图 5-50

图 5-51

图 5-52

图 5-53

图 5-48 调试陀螺（中国体育博物馆 提供）
图 5-49 抽陀螺（中国体育博物馆 提供）
图 5-50 跳竹竿（朱嘉凯 摄）
图 5-51 “赶老牛”（张鸿力 摄）
图 5-52 跳火绳（中国体育博物馆 提供）
图 5-53 爬杆（郭建良 摄）

图 5-54

图 5-55

图 5-56

图 5-54 滚草墩（中国体育博物馆 提供）　图 5-55 大刀舞（陈小蓉 摄）　图 5-56 阿细跳月（方征 摄）

哈尼族传统体育

哈尼族主要聚居在滇南红河和澜沧江的中间地带。根据2010年第六次全国人口普查统计，哈尼族人口为1 660 932人。哈尼族有自己的语言，与彝语、拉祜语、傈僳语、纳西语、基诺语相近，分为哈雅、碧卡、豪尼三种方言。1957年，党和政府帮助哈尼族采用拉丁字母形式创制了哈尼文。

根据民族史学家的研究，公元前3世纪活动于大渡河以南的“和夷”部落，是我们现在能够知道的哈尼族最早的先民。“和夷”是远古时期居住在中国西部的古代羌人南迁的一个分支，后逐渐南迁进入滇东南、滇南各地定居下来。

公元前2世纪，汉朝在滇池以南的泸江区域设置有益州郡的律高等四个县（均在今红河哈尼族彝族自治州境内）。这四个县的设置从西汉到唐初，始终被作为一个行政区域来看待。而活动于该区域的“和”部落，就是哈尼族的先民。公元7世纪，被称为“和蛮”的哈尼族先民已经广泛分布于哀牢山、无量山一带。南诏时，哈尼族逐渐向东南集中，其分布区域主要在元江外侧。在这一地区，元朝设立和泥路，明初改为和泥府，后又分设纳楼、溪处、思陀、左能、落恐等长官司，以各部落首领任土司。

在漫长曲折的迁徙过程中，哈尼族完成了从游牧、游耕到定居（农业）的转化。中华人民共和国成立后，进入了新的发展时期。

哈尼族被称为“雕塑群山的子民”，是一个被生活和苦难磨砺成“艺术品”的民族。多少个世纪以来，他们在群山中雕塑的梯田，犹如山神的脸谱，优美而庄严，堪称世界奇迹。哈尼族人民勤劳、善良，能歌善舞，爱好运动，创造了灿烂的传统体育文化。哈尼族体育文化的具体表现并不是一种独特的、纯粹的、单一的体育形式，而是渗透到各种社会活动之中，融入了哈尼族人民的理想、愿望、审美观和价值观，其主要项目有射弩、射击、摔跤、马术、磨秋、打陀螺、赛蒙抬（跳高跷）、阿弩塔拉手、跳“猴子”、拔河、拌鲁点、打石头架、打铜鼓、拉手、玩水、跳绳、武术、侗尼尼、乐作舞、牛皮鼓舞、哈尼族棕扇舞、哈尼族嘟哒噜等，颇具民族特色。

图5-57

图5-57 哈尼族射击（李曌熙 摄）

图 5-58

图 5-59

图 5-60

图 5-61

图 5-62

图 5-63

图 5-64

图 5-58 哈尼族射弩（中国体育博物馆 提供）
图 5-59 摔跤（李曌熙 摄）
图 5-60 马术（李曌熙 摄）
图 5-61 姑娘打磨秋（普佳勇 摄）
图 5-62 哈尼族秋千（李曌熙 摄）
图 5-63 打陀螺（中国体育博物馆 提供）
图 5-64 田间荡秋千（刘建明 摄）

图 5-65

图 5-66

图 5-67

图 5-68

图 5-69

图 5-70

图 5-71

图 5-65 陀螺竞技（朱嘉凯 摄）
图 5-66 拉手游戏（张鸿力 摄）
图 5-67 水田拔河（解之诚 摄）
图 5-68 打铜鼓（李曌熙 摄）
图 5-69 玩水夺标（禹江宁 摄）
图 5-70 儿童跳皮绳（李曌熙 摄）
图 5-71 跳绳的哈尼族儿童（李曌熙 摄）

图 5-72

图 5-73

图 5-74

图 5-75

图 5-72 牛皮鼓舞（李塱熙 摄）　图 5-73 嘧哒噜（禹江宁 摄）　图 5-74 哈尼乐作（李塱熙 摄）　图 5-75 棕扇舞（李塱熙 摄）

傈僳族传统体育

傈僳族主要聚居于云南省怒江傈僳族自治州，其余分布于云南省丽江、迪庆、大理、保山等地、州、市及四川省盐源、盐边等县。据 2010 年第六次全国人口普查统计，傈僳族人口为 702 839 人。傈僳族有自己的语言，与拉祜族、哈尼族和纳西族等族语言相近，分为怒江、禄劝两种方言。新中国成立后，以怒江方言为基础，以碧江县东岸五区一带的语言为标准音，拟定了与汉族拼音相一致的采用拉丁字母的新文字。

傈僳族是一个历史悠久的民族，属于氐羌族群后裔。远在公元 8 世纪以前，傈僳族先民分布于雅砻江及川、滇交界的金沙江两岸广大地区。关于傈僳族的历史文献记载，最早见于唐樊绰《蛮书》:“傈僳两姓蛮、雷蛮、梦蛮皆在茫部台登城，东西散居，皆乌蛮、白蛮之种。”所谓“傈僳两姓蛮”就是今天傈僳族的祖先。大约在 16 世纪的明代中期，傈僳族西迁至怒江两岸。到 1950 年，怒江的傈僳族已经发展到 7 万多人。

傈僳族生活的地方是中国最典型的深山峡谷地形区，其丰富多彩的传统文化，受到独特的地理环境的影响，并浓缩着这个民族开放、迁徙的光辉历程。

傈僳族体育文化源远流长。在漫长的历史进程中，以能歌善舞著称的傈僳族人民在长期的生活实践中形成了丰富多彩的体育文化。其具有代表性的项目主要有射箭、射弩、射击、泥弹弓、皮球得来火、皮球丢、嘟哒哒、拉肚夺（顶杠）、尼昂急（顶牛）、背什（踢脚）、扭扁担、推杆、跳牛、四方拔河、陀螺、秋千、爬树、爬竹竿、德细来火（跳远）、傈德德（跳高）、投掷（投矛）、逮来火（爬山）、拉绳、爬绳、划爬子、拿石头、滑板子、砍竹竿、上刀山下火海、游泳、溜索、赖地等。

图 5-76 傈僳族射箭（朱嘉凯 摄）

图 5-77

图 5-78

图 5-79

图 5-80

图 5-81

图 5-82

图 5-83

图 5-77 女子射弩（刘建明 摄）
图 5-78 泥弹弓（中国体育博物馆 提供）
图 5-79 射弩比赛（赵昌毅 摄）
图 5-80 推杆（中国体育博物馆 提供）
图 5-81 嘟哒哒（陈小蓉 摄）
图 5-82 制作“嘟哒哒”球（陈小蓉 摄）
图 5-83 砍竹竿比赛（朱嘉凯 摄）

图 5-84

图 5-85

图 5-86

图 5-87

图 5-84 溜索（中国体育博物馆 提供）
图 5-85 爬竹竿（邢广利 摄）
图 5-86 上刀山（李鹏 摄）
图 5-87 下火海（李鹏 摄）

拉祜族传统体育

拉祜族主要分布在云南省澜沧江流域的普洱、临沧两个地区，相邻的西双版纳傣族自治州、红河哈尼族彝族自治州及玉溪地区也有分布。根据 2010 年第六次全国人口普查统计，拉祜族人口为 485 966 人。拉祜族使用拉祜语，分拉祜纳、拉祜西两大方言。中华人民共和国成立后，在原有字母的基础上，确定了以澜沧县糯福方言为基础方言、以东回语音为标准语音的新文字。

拉祜族先民属于古代羌人族群，最初在北方过着游牧生活，后来辗转南下，进入我国云南，最终定居于澜沧江流域。秦汉时期的“昆明”人，魏晋南北朝时期的“爨蛮”，隋唐时期的“乌蛮”都包括有拉祜族先民。公元 13 世纪，蒙古军队进攻大理国，迫使聚居于金沙江南岸一带的拉祜族分东西两路南迁，在澜沧江东西岸定居下来，而最远迁至金平县的一部分拉祜西人成为后来的苦聪人。

历史上的拉祜族有“拉祜纳”（黑拉祜）、“拉祜西”（黄拉祜）、“拉祜普”（白拉祜）等支系。史称、他称有“史宗”“野古宗”“苦聪”“倮黑”“磨察”“木察”“目舍”等。1953 年，根据民族识别和本民族人民意愿，统一定族名为“拉祜族”。

拉祜族传统体育文化与其他文化形式是相互交融的，它们相互影响、相互渗透、相互拥有。拉祜族的传统体育文化，既具有民族性、传统性和文体相融性，又具有健身、娱乐、观赏的价值。其民间传统体育活动多与古代生产活动有关，如射弩、扁达（摔跤）、磨秋、打陀螺、踢架、买切切（踢脚架）、鸡毛球、阿浅（秋千）、卡扒（陀螺）、戛水戛都（高跷）、嘎克依峨达（拔河）、卡扎吸峨（跳绳）、贾祖巴（瞎子摸鱼）、抢包头、丢包、跑杆（过独木桥）、爬杆摘果、阿郭（投矛）、跳芦笙、象脚鼓、蜡河毕、扎底戛打、瓦逮、哈呜郭、武术等，极具拉祜族特色。

图 5-88

图 5-89

图 5-88 拉祜族射弩（中国体育博物馆 提供）
图 5-89 女子射弩（中国体育博物馆 提供）

图 5-90

图 5-91

图 5-92

图 5-93

图 5-94

图 5-95

图 5-96

图 5-90 打磨秋（李志雄 摄）
图 5-91 戛水戛都（中国体育博物馆 提供）
图 5-92 打陀螺（李志雄 摄）
图 5-93 蜡河毕（张鸿力 摄）
图 5-94 吹芦笙（中国体育博物馆 提供）
图 5-95 象脚鼓（中国体育博物馆 提供）
图 5-96 拉祜族拳术（张鸿力 摄）

纳西族传统体育

纳西族主要聚居于云南省丽江市境内，其余分布在云南省的宁蒗、维西、德钦、永胜、鹤庆、剑川、兰坪等县和四川省的盐源、盐边、木里以及西藏自治区的芒康等县。根据 2010 年第六次全国人口普查统计，纳西族人口数为 326 295 人。纳西族有自己的语言——纳西语，分西部和东部两个方言区。纳西族有表意的象形文字，称“东巴文”。中华人民共和国成立后，党和政府帮助纳西族创制了以拉丁字母为基础的新纳西拼音文字。

纳西族的先民为羌人的一支，古代生活在西北河湟地区（青海省黄河和湟水谷地一带），后逐渐南迁。大约 2000 年前就已生活在云南省和四川省交界处的金沙江流域。汉代越嶲郡的“牦牛种”，蜀汉汉嘉郡的“牦牛夷”，晋代定笮县的“摩沙夷”皆为纳西族先民。唐宋时期称为“摩沙蛮”，元、明、清时期一般称之为“么些”。近代以来，纳西族被称为“么些”“摩西”“摩梭”等。中华人民共和国成立后，根据本民族多数人意愿，经国务院批准，统一定名为“纳西族”。

纳西族居住的云南省西北部和四川省西南部，很早就融和了汉族、藏族、白族等民族文化，是云南省经济、文化最发达的少数民族之一。纳西族体育文化蕴含着纳西族人民长期积淀形成的思想观念、价值取向、审美情趣，其主要形式有内窝扑（射箭）、占占夺（摔跤）、赛马、丽江球、布球、木球、草球、秋千、踢毽子、拔河、达理兹、拨拨拉、赛跑、投石器、掷坑、偷狐儿、转山转海、树古丁丁克、飞石锁、打跳、跑罐子、摔牛、驯牛、登刀梯、母鸡棋、纳西棋、东巴跳、东巴武术等。

图 5-97

图 5-98

图 5-97 纳西族赛马（韩基韬 摄）
图 5-98 树古丁丁克（禹江宁 摄）
图 5-99 占占夺（中国体育博物馆 提供）
图 5-100 纳西族射箭（中国体育博物馆 提供）
图 5-101 双人秋（中国体育博物馆 提供）
图 5-102 磨担秋（中国体育博物馆 提供）

图 5-99

图 5-100

图 5-101

图 5-102

图 5-103

图 5-104

图 5-105

图 5-106

图 5-107

图 5-103 少女踢花毽（中国体育博物馆 提供）
图 5-104 纳西棋（中国体育博物馆 提供）
图 5-105 跳三朵（中国体育博物馆 提供）
图 5-106 东巴跳（谭广鑫 摄）
图 5-107 伴着战鼓跳起来（韦晓康 摄）

基诺族传统体育

基诺族主要分布在云南省西双版纳傣族自治州景洪市基诺乡，其余散居于基诺乡四邻山区。根据 2010 年第六次全国人口普查统计，基诺族人口为 23 143 人。基诺族使用基诺语，其语言与彝语支、缅语支都有明显的对应关系，但在语音、词汇、语法上有自己的特点。基诺族没有本民族文字，通用汉文。

基诺族自称“基诺”，意思是“舅舅的后代”或“尊敬舅舅的人”。基诺族的先民最早是从普洱、墨江甚至更远的北方迁徙而来，最后定居于基诺山。明末清初，汉族商人进入基诺山，推广制茶技术，收购茶叶，对基诺族社会发展产生了重要影响。民国时期，傣族土司通过任命基诺族长老为头人，实施间接统治。中华人民共和国成立后的 1956 年，建立了基诺山生产文化站，经过几年的变革，1988 年改建基诺山基诺族乡。

基诺山地处滇西南高原澜沧江支流的补远江流域。基诺族的原始茶文化、传统的基诺七音竹筒乐[1]，以及基诺人的歌曲，成为基诺族的典型代表。

基诺族是一个文化传统丰富的民族，其各种节日中的体育活动，多是就地取材、随时随地进行，具有代表性的传统体育活动有射箭、射弩、泥弹弓、火药枪射击、摔跤、藤球、打毛毛球、打鸡毛球、牛尿泡球、藤条拔河、踩高跷、独绳秋千、打陀螺、“羊打架”、丢石头、丢包、竹竿比赛、爬树、攀云梯、游泳、跳嘎（跳牛皮鼓）、大鼓舞、祭日舞、司吐咽呐等。

图 5–108

[1] 为猎得麂子制作的竹筒叫“奇科”；马鹿的竹筒较粗大，叫“布谷”；野牛被视为兽中之灵，猎得后要制作两套竹筒同时演奏。

图 5-109

图 5-110

图 5-111

图 5-112

图 5-108 打泥弹弓（周重要 摄）
图 5-109 基诺族射箭（中国体育博物馆 提供）
图 5-110 打藤球（张鸿力 摄）
图 5-111 拔河（中国体育博物馆 提供）
图 5-112 儿童拔河（中国体育博物馆 提供）

图 5-113

图 5-114

图 5-115

图 5-116

图 5-113 祭日舞（黄洪潮 摄）
图 5-114 爬树比赛（中国体育博物馆 提供）
图 5-115 顶竹竿（中国体育博物馆 提供）
图 5-116 攀云梯（中国体育博物馆 提供）
图 5-117 打陀螺（中国体育博物馆 提供）
图 5-118 太阳鼓舞（中国体育博物馆 提供）
图 5-119 司吐咽呐（禹江宁 摄）

图 5-117

图 5-118

图 5-119

羌族传统体育

羌族主要分布于四川省阿坝藏族羌族自治州的茂县、汶川、理县、黑水、松潘，甘孜藏族自治州的丹巴、绵阳市的北川等县。根据 2010 年第六次全国人口普查统计，羌族人口为 309 576 人。羌语分南北两种方言，土语较多，有些相邻村寨之间语言也难相通。羌族没有本民族的文字，通用汉文。

羌族是一个古老的民族，历史非常悠久。羌族自称“尔玛”“尔麦”“日玛”“日麦”等，意为本地人。“羌”原是古代汉人对居住在我国西部游牧民族的一个泛称，部族众多，名称各异，不是单一民族。从秦汉以来，古代羌人就居住在今西北一带。公元前 2 世纪时，汉朝在这里设郡。之后，羌人不断地大规模西迁或南迁，而进入中原的羌人多融于汉族。到了隋唐时代，吐蕃王朝在青藏高原崛起，其实力不断扩展到岷江上游一带，原来居住在这里的羌人，处于中原王朝和吐蕃控制的地区之间，其中一些羌人后来同化于藏族，另外一些羌人则同化于汉族。还有一小部分羌人，在唐和吐蕃长期和战不定的局势下，得以单独保存并发展下来，形成了今天的羌族。

明朝开始，在羌族地区全面推行土司制度。清初，清政府对羌族地区加强了统治，但直到光绪年间，羌族地区的改土归流才基本完成。

羌族聚居地区主要集中在青藏高原东部边缘，这里峰峦重叠，河川纵横，林密水急，高山上白雪皑皑，河谷中花红竹翠，景色旖旎。羌族传统体育文化的形成与发展，和自然地理环境及人文地理环境有着千丝万缕的联系，其许多体育活动是经过长期的历史积淀得以继承和发展起来的，具有代表性的传统体育项目有骑射、射面兽（射击）、明火枪打靶、摔跤、推杆、顶杆、扭棍子、扳手劲、拍球、秋千、观音秋、拔河、蛾捉（抱蛋）、爬天杆、甩皮风、秋格拉萨、抓石子、丢窝窝、耍狮灯、舞龙灯、提石墩、斗鸡、健身气功、武术、牦牛愿、跳盔甲、萨朗（圆圈舞）、羊皮鼓舞、跳“麻龙”、刀舞等。许多体育活动形式体现了羌族人重文尚武及诚挚豪爽的风格。

图 5-120

图 5-121

图 5-120 羌族摔跤（中国体育博物馆 提供）
图 5-121 扭棍（吴东俊 摄）
图 5-122 斯尔窝登波（羌族传统球艺）（韦晓康 摄）
图 5-123 磨秋竞技（四川省阿坝州体育局 提供）
图 5-124 推杆（魏志雄 摄）

图 5-122

图 5-123

图 5-124

图 5-125

图 5-126

图 5-127

图 5-128

图 5-129

图 5-130

图 5-131

图 5-132

图 5-125 推杆较力（陈小蓉 摄）
图 5-126 拔河（魏志雄 摄）
图 5-127 刀舞（中国体育博物馆 提供）
图 5-128 嬉金秋（羌族传统舞蹈）（韦晓康 摄）
图 5-129 蛾捉（中国体育博物馆 提供）
图 5-130 舞龙（中国体育博物馆 提供）
图 5-131 跳盔甲（中国体育博物馆 提供）
图 5-132 萨朗舞（中国体育博物馆 提供）

普米族传统体育

普米族主要分布在云南省的丽江、兰坪、维西、永胜、宁蒗等市县，还有一部分居住在四川省木里藏族自治县和盐源县等地。根据2010年第六次全国人口普查统计，普米族人口为42 861人，为国家重点扶持的人口较少民族之一。普米族语言分为南北两种方言，但多数普米族分散居住在藏族、彝族、白族、纳西族等民族聚居的地区，所以，普米族男子普遍兼通多种民族语言。普米族有一种以刻画符号表意的文字，称为“丁巴文”。

普米族自称“培米”“拍米”“普米”（意为“白人”）。汉文文献称其为“磐木”“西番”“巴苴”。根据历史学家的研究，普米族源于我国西北地区的古代羌人部落。先秦时期，他们陆续迁入四川西部高原，并沿大渡河、雅砻江分布于甘孜、雅安、西昌一带。13世纪中叶，忽必烈亲率蒙古军队南征大理，途经宁番、建昌、木里等地，收复居住在这里的西番各部。一些西番头人和木里王子率部众跟随蒙古军队渡过金沙江进入云南，沿途攻取的关塞多令西番人留守，陆续定居下来。普米族就是在这样辗转迁徙的历史过程中，逐渐从羌戎部落中分离出来，成为单一民族。

中华人民共和国成立以来，普米族在政治上实现了平等。在漫长的历史发展进程中，普米族不仅在经济文化上为中华民族的发展做出了贡献，还起到了滇、川、藏交角区域诸多民族间往来交流的桥梁作用。

图5-133

普米族体育文化具有鲜明的地域特色和民族特征，其产生、发展与普米族居住的自然环境、生产方式、宗教信仰等因素有着密切关系，其形式和内容保留有游牧生活的痕迹。普米族的民族传统体育，集中体现于民间节庆活动中，具有代表性的项目有射箭、射弩、摔跤、击鸡毛球、板羽球、堵鲁（布球）、磨秋、赛跑、跳高、转山转海、划猪槽船、搓蹉（锅庄舞）、踩毡舞、搓磋含摆等。

图5-133 打鸡毛毽（中国体育博物馆 提供）
图5-134 搓磋含摆（朱星明 摄）
图5-135 蓝天下的磨秋竞技（中国体育博物馆 提供）
图5-136 磨秋（杨金海 摄）
图5-137 踩毡舞（陈小蓓 摄）

图 5-134

图 5-135

图 5-136

图 5-137

景颇族传统体育

景颇族主要聚居在云南省德宏傣族景颇族自治州的瑞丽、陇川、盈江、潞西、梁河五个市县境内，在怒江、临沧、普洱及西双版纳等地州也有少数散居。根据2010年第六次全国人口普查统计，景颇族人口为147 828人。景颇族的语言共有5个支系，即景颇、载瓦、勒期、浪峨和波拉。景颇族的文字有景颇文和载瓦文两种。两种文字均系以拉丁字母为基础形成的拼音文字。

秦汉时期，包括景颇族所处在内的祖国西南大片地区，统称为“西南夷地区”，范围涉及今天的云南省、贵州省、四川省西南部。在汉代文献里，景颇族与近代彝语支各族先民被泛称为“夷”“昆明”或“嶲”。唐代属云南南诏政权的镇西节度管辖，被称作“寻传蛮”[1]。元代曾在景颇地区设茶山、麻里长官司，把景颇族和阿昌族统称为“峨昌”。明清时期的文献把景颇族和阿昌族区分开来，称景颇族为“遮些”“山头人”等。大约明末清初，景颇族大规模迁入德宏地区。

景颇族有“景颇”“载瓦”“勒期”“浪峨”等20多种自称，由于居住在较高的山上，汉族称他们为“山头”。后按照本民族意愿，统称为“景颇族”。

景颇族的文化丰富多彩。由景颇族民间创作的口头文学，内容包罗万象。原始宗教董萨义化是景颇族传承本民族传统文化的主要手段之一，它对远古时代景颇族先民生产生活等产生了广泛的影响。作为山区民族的景颇人，其传统体育与这种生活方式有着密切的联系。景颇族代表性的传统体育项目有打弹弓、打汤跌（火枪射击）、咯姆卡（摔跤）、扭杠、顶杠、秋千、爬滑竿、跳高、跳远、爬滑竿、汤碟、汤蝶崩、嗝笨戈、拉拉、蛇龙、赶猪、走子棋、景颇棋、武术、竹竿舞、象脚鼓舞、目瑙纵歌（景颇族传统舞蹈）等。

图5-138

图5-139

图5-138 竹篾弹弓（中国体育博物馆 提供）
图5-139 景颇棋（张鸿力 摄）
图5-140 拉顶（张鸿力 摄）
图5-141 单人刀（陈小蓉 摄）
图5-142 景颇棍术（民一中 摄）
图5-143 扭棍（民一中 摄）

[1]“寻传蛮”，疑为“寻博蛮”之误。繁体“传”与“博”书写相近，传抄出现笔误自属难免。而“寻博”应即“景颇”的另一种音译。

图 5-140

图 5-141

图 5-142

图 5-143

图 5-144 女子象脚鼓舞（中国体育博物馆 提供）

图 5-145 竹竿舞（李文 摄）

图 5-146 目瑙纵歌（中国体育博物馆 提供）

图 5-147 双人刀（陈小蓉 摄）

独龙族传统体育

独龙族主要分布在云南省怒江傈僳族自治州贡山独龙族怒族自治县的独龙江两岸，也有少数散居在贡山县北部的怒江两岸。根据 2010 年第六次全国人口普查统计，独龙族人口为 6 930 人，为国家重点扶持的人口较少的民族之一。独龙族有自己的语言，独龙语和景颇语、珞巴语、僜人语言比较接近，贡山怒语与独龙语基本相通。由于独龙族长期与世隔绝，语言发展缓慢，受外界影响小，具有藏缅语活化石的特征。独龙族过去没有文字，20 世纪 50 年代初，缅甸独龙族的日旺人创造了一种文字——日旺文。

史籍记载，唐宋时期独龙族属南诏、大理管辖，元明清时被丽江木氏土司统治。在《大元一统志》中，称独龙族为“撬”。清朝中期划归丽江纳西族康普、叶枝两土千总分管。明清时期的文献中称独龙族为“俅”“俅子”等。1909 年委任专职“俅官”管辖。1918 年在今贡山县设置菖蒲桶行政公署，1933 年改为贡山设治局，并在独龙江地区推行保甲制度。

中华人民共和国成立前，独龙族只剩 2000 多人。他们的社会生产是以原始粗放的刀耕火种农业为主，采集、渔猎仍占较大比重。中华人民共和国成立后，根据他们自称“独龙”，又聚居于独龙江河谷，因而正名为“独龙族”。

虽然独龙族人数很少，但他们顽强地传承着自己弥足珍贵的语言和习俗，以坚韧的性格书写自己独有的历史和文化。独龙族的传统体育有着较为突出的民族特色，具有代表性的传统体育项目有射弩、弹弓、阿扁（摔跤）、扳手腕、阿格来依（跳高）、拔河、翻栏杆（跳高）、撑竿跳、赛跑、标枪、网石、峭坡（爬树杆）、跷跷板、溜索、登独木天梯、登绳梯、老熊抢石头、游泳、钓鱼、伐竹比赛、溜索过江、巴楼木哇（水中憋气）、剽牛、龙波哇（捡石子）、亚阿乂（过“丰”字界）、猜拳、捉迷藏、阿日木（相互抓捕）、拉姆、滑草、滑雪等。这些项目无不和独龙族所处的自然环境、生产方式、生活习俗及交通方式有紧密的联系。

图 5-148

图 5-149

图 5-148 独龙族射弩（中国体育博物馆 提供）
图 5-149 打弹弓（陈安定 摄）

图 5-150

图 5-151

图 5-152

图 5-153

图 5-150 扳手腕（中国体育博物馆 提供）
图 5-151 捕鱼（中国体育博物馆 提供）
图 5-152 速度伐竹（陈海宁 摄）
图 5-153 速度溜索（中国体育博物馆 提供）
图 5-154 剽牛舞（中国体育博物馆 提供）
图 5-155 剽牛（朱于湖 摄）
图 5-156 溜索过江（中国体育博物馆 提供）

图 5-154

图 5-155

图 5-156

阿昌族传统体育

阿昌族主要聚居在云南省德宏傣族景颇族自治州的陇川、梁河等地，其余分布在盈江、潞西、瑞丽及保山市的龙陵和腾冲等地。根据2010年第六次全国人口普查统计，阿昌族人口为39 555人，为国家重点扶持的人口较少的民族之一。阿昌族语言分陇川、梁河、潞西三种方言。方言间在语法上差异不大，但彼此间通话有较大困难。阿昌族还兼通傣语、汉语。方言之间通话或与其他民族交往则用汉语或傣语。无文字，通用汉文和傣文。

阿昌族源于古代的氐羌族系，同时还与南诏、大理国时期的“寻传蛮”有直接的渊源。“阿昌”一词，最早见于元代文献《招捕总录》和《元史 · 地理志》中，前者记作“阿昌”，后者记为“峨昌”。此后，文献中还出现了“俄昌”“莪昌”“萼昌”等写法，不过，基本上都是“阿昌”的异写。说明阿昌族的民族特征在元代就基本形成了。他们当时的活动区域，主要在今保山、腾冲、梁河一带。

当代的阿昌族，分居在群山绵延、河谷纵横的中缅边境，他们把家园垒在半山半坝的坡地上，大山托着他们的脊梁，泉水拨动着他们的心弦。阿昌族人崇拜自然、崇拜祖先，以特有的方式阐述着他们对自然界和人类社会的认知和理解。

由于受自然环境、生产生活方式和宗教信仰的影响，更由于阿昌族与当地的傣族、汉族和景颇族交往频繁，使其民族传统体育文化在具有本民族鲜明特点的同时，又与其他民族相似，其具有代表性的项目有射弩、赛马、甩秋、车秋、耍白象、舞青龙、泼花水、阿昌武术、象脚鼓舞、蹬窝罗、阿昌民族舞等。

图 5-157

图 5-158

图 5-159

图 5-160

图 5-161

图 5-162

图 5-157 传统乐器象脚鼓（中国体育博物馆 提供）
图 5-158 耍白象（张凤贵 摄）
图 5-159 象脚鼓舞（云南省德宏州体育局 提供）
图 5-160 舞青龙（宫晓琛 摄）
图 5-161 刀术猫赖过（朱嘉凯 摄）
图 5-162 制作阿昌刀（中国体育博物馆 提供）

图 5-163 刀术表演（中国体育博物馆 提供）

图 5-164 阿昌棍术（李平 摄）

图 5-165 蹬窝罗（中国体育博物馆 提供）

图 5-166 阿昌族民族舞（刘庚军 摄）

土家族传统体育

土家族主要分布于湘鄂川黔毗连的武陵山地区，即湖南省湘西土家族苗族自治州，湖北省鄂西土家族苗族自治州，重庆的酉阳、秀山、黔江、石柱、彭水以及贵州的沿河、印江、思南、铜仁等县。根据2010年第六次全国人口普查统计，土家族人口为8 353 912人。土家族有自己的语言，绝大多数土家族人通用汉语，部分人兼通苗语，只会讲土家语的只有居住在永顺、龙山两县偏僻山区的二三万人。土家族没有本民族文字，长期以来使用汉文。

土家族是由古代巴人经过长期发展演变，融合部分汉族和其他少数民族逐渐形成的单一民族。早在新石器时代晚期，在长江三峡沿岸地区出现了一种风格独特的区域性文化，被称为“早期巴文化”，而在殷墟甲骨文中，也有关于巴人的记载。到东周时期，其后续文化已经遍布湘、鄂、川、黔边界地方。秦汉时，因土家族先民崇拜白虎被称为“廪君种”，或以使用武器特征被称为“板盾蛮”，也被称为“巴郡南郡蛮”或“武陵蛮”的一种。此后，多以地域命名，被称为“酉溪蛮”“峻中蛮”“巴建蛮”“信州蛮”“酉阳蛮”等。

宋代，出现了区别于武陵山区其他民族而专指土家族的“土民”“土蛮”“土兵”等名称。以后，随着汉族居民大量迁入，“土家”作为族称开始出现，在后来的发展中，湘、鄂西地区的土家人逐渐形成单一民族。

元明清时期，中央政府直接对土家族聚居区进行统治。与此同时，土家族与汉族地区的文化交流和贸易往来不断增加，使土家族社会进入一个新的发展阶段。

土家族在长期的历史发展中，创造了适合本民族文化环境的传统体育活动。其具有代表性的传统体育项目主要有射箭、打粉枪、打猎、玩抱姑（摔跤）、斗角、搭撑腰（拔腰带）、扁担劲、抵杠、搂腰带、竹铃球、抢天地球、秋千、打陀螺、打飞棒、踢毽子、高脚马、跳马儿、拔河、抱蛋、抢“贡鸡”、发“界鸡”、抱磨盘赛跑、撑杆跳远、抢山头、独木桥、倒挂金钩、倒爬树、攀藤、拉头巾、“摇旱船”、滚环、拣子、游泳、脚踩独木穿激流、潜水游戏、漂滩、划龙舟、滚坛子、跑泽田、肉莲花、打花棍、撒尔嗬、跳红灯、舞龙、举石、抱条石、耍石碗、跳马儿、五码棋、硬气功、武术、茅古斯舞、摆手舞、花灯舞、鹿子灯舞、铜铃舞等。这些活动形式充分反映了土家族民间体育的民族性、地域性、易行性、趣味性和群众性。

图5-167

图5-168

图5-167 扁担上扳手劲（中国体育博物馆 提供）　　图5-168 抵杠（黄小良 摄）

图 5-169

图 5-170

图 5-171

图 5-172

图 5-173

图 5-174

图 5-175

图 5-176

图 5-169 拔腰带（陈祖跃 摄）
图 5-170 田间扳手腕（杨戈 摄）
图 5-171 竹铃球（张天林 摄）
图 5-172 抢天地球（韦晓康 摄）
图 5-173 竹铃球竞技（韦晓康 摄）
图 5-174 斗角（何小玲 摄）
图 5-175 磨秋（中国体育博物馆 提供）
图 5-176 踢毽子（杨超 摄）

图 5-177

图 5-178

图 5-179

图 5-180

图 5-181

图 5-182

图 5-183

图 5-184

图 5-185

图 5-186

图 5-187

图 5-177 打飞棒（中国体育博物馆 提供）
图 5-178 水中拔河（湖北省五峰土家族自治县文化体育旅游局 提供）
图 5-179 倒爬树（中国体育博物馆 提供）
图 5-180 高脚马过河（张延庆 摄）
图 5-181 高脚马竞技（张延庆 摄）
图 5-182 八宝铜铃舞（湖北省宣恩县文化体育局 提供）
图 5-183 舞板凳龙（曾质斌 摄）
图 5-184 跷旱船（湖北省恩施土家族苗族自治州文化体育局 提供）
图 5-185 “青蛙抱蛋”（中国体育博物馆 提供）
图 5-186 举石斗（湖北省鹤峰县文化体育局 提供）
图 5-187 泼水龙（李纲 摄）

图 5-188

图 5-189

图 5-190

图 5-191

图 5-192

图 5-188 流星针（何小玲 摄）
图 5-189 流星棍（黄小良 摄）
图 5-190 板凳拳（陈小蓉 摄）
图 5-191 打莲箫（田德见 摄）
图 5-192 少女打溜子（陈庭茂 摄）
图 5-193 肉连响（韦晓康 摄）
图 5-194 撒尔嗬（张宏开 摄）
图 5-195 跳红灯（中国体育博物馆 提供）
图 5-196 摆手舞（何光 摄）
图 5-197 火把舞祭天地（汪石凌 摄）
图 5-198 铜铃舞（汪石凌 摄）

图 5-193

图 5-194

图 5-195

图 5-196

图 5-197

图 5-198

图 5-199

图 5-200

图 5-199 猴舞（吴文栋 摄）
图 5-200 茅古斯舞（吴文栋 摄）

白族传统体育

白族主要聚居在云南省西部以洱海为中心的大理白族自治州等地，贵州、四川、湖南等地亦有分布。根据 2010 年第六次全国人口普查统计，白族人口为 1 933 510 人。白族使用白语，由于受汉族文化的长期影响，白语中含有大量汉语词汇，大多数白族人都通晓汉语。汉文也是白族人长期习用的通行文字。

白族先民，史称“滇僰”“僰人”“爨氏”“白爨”“白蛮”“河蛮”“白人”“民家”等。“僰人”之称始见于《吕氏春秋 · 恃君览》，是先秦时分布于中国西南的氐羌族群的一支。

公元前 109 年，西汉王朝在大理地区设叶榆（今大理）、云南（今祥云）、邪龙（今巍山）、比苏（今云龙）四县，属益州郡管辖，东汉时期，改属永昌郡管辖。公元 225 年，诸葛亮征服南中，大理地区改设云南郡，使这里逐渐成为云南的政治、经济和文化中心。公元 737 年，唐朝为了防御吐蕃，扶持南诏（现巍山县）首领皮罗阁，统一了洱海地区，建立以彝族和白族先民为主体的南诏奴隶制政权。公元 937 年，段思平在乌蛮三十七部的支持下进军大理，夺取了政权，建立了号称“大理国”的封建领主制政权。大理国存在了 300 多年，于 1253 年被蒙古军队所灭。元代在云南设立行省，在大理地区设置大理路和鹤庆路，起用“大理”段氏家族继续管理大理地区。1381 年，明朝军队进攻云南，消灭了蒙古势力。清代继续奉行明代中期开始的改土归流政策，但在边远山区还保留了一批白族土官和土司。

白族有着优秀的民族文化，大理三塔、崇圣寺以及茶马古道上的“千年白族村”和依山建立的文庙、武庙、观音殿、玉皇阁，体现着白族人民也兼容儒道佛，接受三教合一的文化。灿烂的历史传统，体现了白族人民的智慧和风采。

高山和湖泊的地理环境、形式多样的传统节日，使白族逐步发展出了具有民族特色的体育项目，具有代表性的有射箭、赛马、扳手劲、人拉人拔河、秋千、打陀螺、霸王鞭、仗鼓、耍火龙、“老虎跳”、松花会（登山）、跳火把、跳花盆、舞龙、跳伟登、跳花棚、滚铁环、抢秧旗、耍海会、赛龙船、洱海龙舟赛、金钱棍、武术、绕三灵等活动形式，多具有浓郁的民族特色。

图 5-201

图 5-202

图 5-201 白族赛马（中国体育博物馆 提供）　图 5-202 扳手劲的女子（中国体育博物馆 提供）

图 5-203

图 5-204

图 5-205

图 5-206

图 5-203 跳花盆（朱嘉凯 摄）
图 5-204 手拉手拔河（中国体育博物馆 提供）
图 5-205 金钱棍（张有林 摄）
图 5-206 双人荡秋（朱嘉凯 摄）
图 5-207 赛龙船（刘建明 摄）
图 5-208 “斗鸡”竞技（中国体育博物馆 提供）
图 5-209 传统拔河（中国体育博物馆 提供）

图 5-207

图 5-208

图 5-209

图5-210

图5-211

图5-212

图 5-213

图 5-210 赛秧乐（谭忠发 摄）
图 5-211 滚铁环（中国体育博物馆 提供）
图 5-212 青龙舞动（解之诚 摄）
图 5-213 霸王鞭（中国体育博物馆 提供）
图 5-214 手执霸王鞭的白族姑娘（中国体育博物馆 提供）

图 5-214

怒族传统体育

怒族主要分布在云南省怒江傈僳族自治州，其余散居在迪庆藏族自治州维西县，以及西藏自治区察隅县。根据 2010 年第六次全国人口普查统计，怒族人口为 37 523 人，为国家重点扶持的人口较少民族之一。怒族除了内部使用支系语言以外，绝大多数都兼通 1 ~ 2 种其他民族的语言，所兼通的语言包括傈僳语、白语、藏语和汉语等，尤以傈僳语为普遍。怒族没有本民族文字，通用汉文。

怒族的渊源，一是“诺苏”“阿怒”，与大小凉山的彝族有渊源，应是由元代文献所记载的“庐鹿蛮”的一部分发展而来；二是“阿龙”，为怒江流域原有的土著居民。而怒族作为一个民族集团，其形成的大致年代约在元明时期。明朝初年，“怒人”的专称首次出现在《百夷传》中。以后，“怒人”“怒子”“弩人”等特指怒族先民的名称基本固定下来，说明怒族作为一个民族共同体在地域分布、文化习俗等方面已经基本稳定下来。中华人民共和国成立以后，统称为“怒族”。

历经千百年沧桑岁月的磨炼和怒族历代先民的勤奋开拓，怒族人民创造了自己独特鲜明的民族文化。怒族人民喜歌乐舞，酷爱传统的体育活动。受居住环境的影响，富有开拓精神的怒族同胞，用智慧和勇敢创造了许多传统的体育活动，有代表性的项目包括射弩、摔跤、踢脚（脚斗）、怒球、秋千、打陀螺、跳竹、爬竹杆、砍竹竿、溜索、爬绳、前么那、老鹰捉小鸡、虎熊抱石头、特拉拉、划猪槽船、滑草、祭天舞等，大都和生产、生活密切相关。

图 5-215

图 5-216

图 5-215 射鸡蛋比赛（云南省福贡县教育体育局 提供）
图 5-216 射弩（张有林 摄）
图 5-217 转转秋（李绍智 摄）
图 5-218 打陀螺（朱嘉凯 摄）
图 5-219 女射弩手（中国体育博物馆 提供）
图 5-220 跳竹（云南省体育局 提供）

图 5-217

图 5-218

图 5-219

图 5-220

图 5-221

图 5-222

图 5-221 荡秋千（李绍智 摄）　图 5-222 爬杆赛（杨发顺 摄）　图 5-223 砍竹比赛（云南省福贡县体育局 提供）　图 5-224 过溜索（陈安定 摄）

图 5-223

图 5-224

珞巴族传统体育

珞巴族主要分布在西藏自治区东南部的洛瑜地区及相邻的察隅、墨脱、朗县、米林、隆子等县。根据 2010 年第六次全国人口普查统计，珞巴族人口为 3 682 人，为国家重点扶持的人口较少民族之一。珞巴族使用珞巴语，但各地方言差异较大，少数人通晓藏语。珞巴族没有本民族文字，通用藏文和汉文。

“珞巴”系藏语音译，意为“住在南方的人”，因珞巴族居住生活在西藏的南部而得名。珞巴族先民是珞瑜地区的土著居民，该地区包括了雅鲁藏布江大峡谷和它的各支流流经的地方。历史上，珞巴族内部没有统一的称谓，因交通阻塞、居住分散，形成了众多的村寨，各村寨都有自己不同的名称。如“博嘎尔”“宁汉”“东部人”“都波”“莫玉珞”以及“莫都珞”等。

1959 年，随着西藏的民主改革，珞巴族从封建农奴制度中获得解放。1985 年，经国务院批准，珞巴族正式被确定为单一民族。

在珞巴族的民族文化中，口头文学内容丰富，反映了民族发展的历史，音乐和舞蹈曲简而调古、舒缓而庄重。珞巴族人民世代过着采集、打猎和捕鱼的生活，养成了勇敢强悍、吃苦耐劳的民族性格。因而，珞巴族的体育文化具有浓厚的地域特征和民族特色，常见的活动如射箭、碧秀（响箭）、跳索、剥格（刀舞）等，与珞巴族的生活习俗、生产方式、宗教祭祀活动等密切相关，在节日、婚礼和大型宗教祭祀场合经常举行。

图 5-225

图 5-226

图 5-225 射箭的珞巴族男子（普布扎西 摄）
图 5-226 珞巴族射箭（丁玲辉 摄）
图 5-227 跳高（中国体育博物馆 提供）
图 5-228 珞巴族猎民（中国体育博物馆 提供）
图 5-229 射响箭（索朗罗布 摄）
图 5-230 剥格（中国体育博物馆 提供）

图 5-227

图 5-228

图 5-230

图 5-229

6

壮侗语族
少数民族传统体育

壮侗语族属于汉藏语系的语族之一，又称为“侗泰语族”或“侗台语族”。这一语族包括了三个语支的民族语言。属于壮傣语支的有壮族、布依族、傣族；侗水语支的有侗族、仫佬族、水族、毛南族；黎语支的为黎族。而地处南方的京族，学术界对其语族尚未有定论，但暂归为汉藏语系。有的学者根据京族的某些特点将其归为壮侗语族[1]，为了行文方便，本书也将其归入壮侗语族中进行叙述。

根据近年来的研究和对壮侗语族历史源流的分析，这一族属内各民族与我国古代南方的最大一个族群——“百越”有着密切的关系。越族因其支系繁多、各有种姓，在战国、秦汉时期被统称为“百越”。之后，由于民族迁徙与分化融合，居住在不同地区的越人产生了不同的族名，而过去曾普遍使用的“越”这个族称也渐渐不见于史籍。而不同时期、不同地区的越人后裔有了不同的族称，及至宋明时期，逐渐形成了现在的壮侗语族各民族。也正因为这一原因，许多学者常常将壮侗语族各民族称为“百越民族”。

作为土著族群，“百越”在我国古代南方地区的历史上曾经辉煌一时。实际上，在越族出现于历史舞台之前，也就是几十万年前的旧石器时代到四五千年前的新石器时代晚期，在后来百越生活的我国东南、中南和西南的广大区域内，都有着人类活动的足迹。

据《汉书·地理志》所载，越人分布地区广泛，而且“自交趾至会稽七八千里，百越杂处，各有种姓”。也就是说，自今越南北部经广西、广东、福建至浙江，都有越人各部杂居共处。在漫长的历史发展中，这种自然环境给百越民族的生产、生活带来了明显的影响，如种植水稻、喜吃水产、习水善舟、居住干栏、纹身断发、龙蛇及蛙崇拜等，其文化创造表现出与水相关的特征。勤劳智慧的壮侗语族各民族所创造的丰富多彩的物质文化、制度文化和精神文化，对缔造光辉灿烂的中华民族历史与文化做出了巨大的贡献。

随着历史的不断发展，尤其是 20 世纪下半叶，民族之间的互动和交流更加频繁，许多外来的文化因素日益渗入壮侗语族各民族社会，使各民族的传统文化受到了前所未有的挑战和冲击，一些传统的生计方式和文化习俗正在发生不同程度的变化或变迁。在此背景下，壮侗语族各民族所创造的不同类型的体育文化，也追随着时代的脚步，在继承传统的基础上，日益融入人们的生活方式之中，为当代民众的社会生活增添了新的色彩。

壮族传统体育

壮族主要聚居在广西壮族自治区、云南省文山壮族苗族自治州，其余分布在广东、湖南、贵州、四川等省。根据 2010 年第六次全国人口普查统计，壮族人口为 16 926 381 人，是我国人口最多的少数民族。壮族使用壮语，1955 年国家帮助壮族创制了一种以拉丁字母为基础的壮文，并得到了推行。

壮族是岭南地区的土著民族，他们自称为“土人”，而把汉族称为“客家”“官人”。壮族先民自古以来就繁衍生息于岭南的广大土地上。春秋战国至秦汉时期，东南及岭南地区的民族泛称为“越”“百越”“百粤”，而“西瓯”和“骆越”则是秦汉时期分布于岭南中西部地区两个较大的支系，其中就包括了壮族的先民。直至近现代，壮族人仍将山麓岭脚之间称为“六”，

图 6-1

[1] 田继周，等. 少数民族与中华文化 [M]. 上海：上海人民出版社，1996：18.

“六”与“骆”同音，而将其间开垦出来的田称为“那六”。

西瓯、骆越等名称在历史上消失后，三国至唐宋时期，在他们曾活动的地域上先后出现了“乌浒”“俚”“僚”“俍”等名称。宋代时，在今广西庆远、南丹一带出现了“僮”之名。明清以来，有关“僮”的记载越来越多。历史上，壮族还有“布依”“布雅依”“布傣”“布越”“布曼”“布土”“沙人”“布衣”“布诺”“布寮”“布班”“布民”“布妥”“布雄”等20余种自称，“布”在壮语中有“人”之意。

1949年后，一度以“僮”为壮族的族称。1958年3月，广西壮族自治区成立。1965年，在周恩来总理的提议下，改“僮”为“壮”，意为健壮、茁壮，从此，分布在广西、广东、云南等地有各种自称的壮族人逐渐统称为“壮族”。

在几千年的历史发展中，壮族与各族人民相互交融、相互影响，创造了灿烂悠久的壮族文明史，也形成了风格独特的民族传统体育活动。其中，射弩、射柳、狩猎、枪击滚石、摔跤、扳腰、背篓球、鸡爪球、高脚球、走马、特朗（打扁担）、打拐、磨秋、陀螺、打手毽、高脚马、拔河、投绣球、抢花炮、舞狮、舞龙、唱春牛、舂榔争娃、板鞋竞技、扒龙船、赶猪进城、拾天灯、黄虎过坳、虎抱羊、搭人山、登山赛、提猪头比赛、倒爬杆、倒立竞走、跳桌、跳花灯、跳台、跳箱、抬搁、跳橡皮筋、蛙跳、跳斑鸠、踩风车、烟筒花、打铜鼓、玩石锁、板凳龙、跳棋、太阳棋、升官图、健身气功、武术、翡翠舞、蚂拐舞、芭芒燕、师公舞等活动形式，就体现着与自然环境、生产特点、经济生活和风俗习惯的紧密结合，是壮族人民改造自然、改造社会，发展自身过程的智慧结晶。

图6-2

图6-3

图6-1 壮族射弩（朱嘉凯 摄）　图6-2 壮族摔跤（赵昌毅 摄）　图6-3 打拐（广西壮族自治区体育局 提供）

图 6-4

图 6-5

图 6-6

图 6-7

图 6-8

图 6-9

图 6-10

图 6-4 打扁担（韦晓康 摄）
图 6-5 打磨秋（陈小蓉 摄）
图 6-6 绣球与磨秋（秦炜棋 摄）
图 6-7 古典水上拔河（谢佩霞 摄）
图 6-8 抛陀螺（赵昌毅 摄）
图 6-9 高脚马（中国体育博物馆 提供）
图 6-10 争前恐后抢花炮（谢佩霞 摄）

图 6-11

图 6-12

图 6-13

图 6-14

图 6-15

图 6-16

图 6-11 背篓抛绣球（韦晓康 摄）
图 6-12 抢花炮（广西壮族自治区武鸣县文化专员 提供）
图 6-13 儿童抛绣球（方征 摄）
图 6-14 勇士倒爬杆（中国体育博物馆 提供）
图 6-15 多人板鞋竞技（韦晓康 摄）
图 6-16 划龙舟（黄光亮 摄）

图 6-17

图 6-18

图 6-19

图 6-20

图 6-22

图 6-17 打铜鼓（云南省文山壮族苗族自治州教育体育局 提供）
图 6-18 舞春牛（韦晓康 摄）
图 6-19 舞草龙（蒋东升 摄）
图 6-20 高空舞狮（谢佩霞 摄）
图 6-21 舞芭蕉龙（蒋东升 摄）
图 6-22 舞狮（赵昌毅 摄）

图 6-23

图 6-24

图 6-25

图 6-26

图 6-23 双头镰（谭举平 摄）　图 6-24 棍术（张廷庆 摄）　图 6-25 壮拳（中国体育博物馆 提供）　图 6-26 刀术（中国体育博物馆 提供）

布依族传统体育

布依族主要聚居于贵州省黔南、黔西南两个布依族苗族自治州，在贵州许多地方及云南和四川等地也有分布。根据2010年第六次全国人口普查统计，布依族人口为2 870 034人。布依族使用布依语，有三个土语区，在中华人民共和国成立前，布依族没有文字，1956年，人民政府为布依族创制了以拉丁字母为基础的拼音文字。

布依族族源最早可以追溯到古代越人的“骆越”。春秋战国时期，布依族先民就已活动于今红水河和南北盘江流域，曾建立过“牂牁国”“夜郎国”。秦汉开拓西南夷，汉文化也渐渐传入这一地区。唐宋时期，中央王朝在牂牁地区设置了羁縻州县，“以故俗治之”。唐代的“都匀蛮”、“谢蛮”（史称“南谢蛮”）、“白水蛮”，宋元时期的“八番”，都与布依族有着密切的族源关系。明清时期，在布依族地区推行土司制度，而这一时期的“仲苗”“仲蛮”“青仲”“仲家”，后来民国时期的“夷家”“夷族”“水家”“土人”“土边”“水边”“水户”“夷人”等均与布依族有着密切的关系。1953年8月，经民族识别后，根据各地布依族人民意愿，统一称为“布依族”。

独特的地理地貌，造就了布依族的文化特点，以敬畏崇拜自然，以生命呵护生态，以快乐装点生活便成为布依族的生活写照。布依族的传统体育文化，与本民族的生产劳动、社会斗争和日常生活有着密切的联系，极富民族特色。诸如射箭、抵杠、抱架腰、赛马、秋千、打格螺、“打乌龟”、打耗子棒、打糍粑、丢花包、耍狮、玩山、打石头龙、划竹排比赛、游泳、布依傩、武术、花棍舞、把式舞、板凳舞（铁链械等）等体育项目，都是布依族典型的民族传统体育形式。各种类型的体育活动，大都在农闲季节及节日喜庆期间进行，都具有浓郁的民族特色。

图6-27 磨秋（邢贵龙 摄）

图 6-28

图 6-29

图 6-30

图 6-31

图 6-32

图 6-33

图 6-34

图 6-28 杠力（王正荣 摄）
图 6-29 抵杠（陈小蓉 摄）
图 6-30 打格螺（侯少华 摄）
图 6-31 打秏子棒（王文泉 摄）
图 6-32 打糍粑比赛（蔡军 摄）
图 6-33 抢荷包（车保华 摄）
图 6-34 竞技场上丢糠包（韦晓康 摄）

图 6-35

图 6-36

图 6-35 板凳舞（中国体育博物馆 提供）
图 6-36 高台舞狮（中国体育博物馆 提供）
图 6-37 布依傩（张德厚 摄）
图 6-38 舞草龙（陈卫中 摄）
图 6-39 布依山龙（陈小蓉 摄）

图 6-37

图 6-38

图 6-39

傣族传统体育

傣族主要分布在云南省西双版纳傣族自治州、德宏傣族景颇族自治州、临沧市耿马傣族佤族自治县和普洱市孟连傣族拉祜族佤族自治县，其余散居在云南省新平、元江、金平、腾冲等县。根据 2010 年第六次全国人口普查统计，傣族人口为 1 261 311 人。傣族有自己的语言和文字，语言主要分德宏和西双版纳两大方言区。其文字为老傣文，是随着佛教的传入由印度字母脱化而来，为一种拼音文字。

傣族历史悠久，早在 4000 多年前，傣族先民就已在澜沧江、金沙江、怒江、瑞丽江、威远江和元江流域生息繁衍。汉晋时期，活动于滇西一带的古越人后裔——“滇越”（又叫“乘象国”）以及“掸”“鸠僚”等，与傣族有着密切的渊源关系。大约在公元 8 世纪，滇南等地的傣族以“茫乃”（今景洪）为中心，建立了“茫乃道”政权。之后，分布在各地的越人后裔进一步分化演变，逐渐形成了许多单一的人民共同体，出现了不同的族名。这时期汉文史籍中记载的“茫蛮”“金齿蛮”“银齿蛮”“黑齿蛮”“漆齿蛮”“绣面蛮”“绣脚蛮”“白衣”“生僚”等，都是傣族先民早期的他称。元代，中央王朝在傣族地区设立了土司机构，对傣族人民进行管理。明清时期，傣族又有“百夷”“白夷”“僰夷”“伯夷”“摆夷”“水摆夷”“旱摆夷”等称呼。一些地区的傣族土司历明清、民国，一直延续至 20 世纪 50 年代。

中华人民共和国成立后，根据民族识别和各地傣族群众的意愿，统一称为“傣族”。和平协商土地改革后，封建农奴制被废除，该地区的傣族从此也走上了一个新的社会发展历程。

傣族是雨林的民族，在傣族的传统文化中，傍水而建的干栏式居屋、水稻的种植、泼水节等，成为傣族美好生活乐章里最富色彩的音符。傣族传统体育文化是其独特的自然环境因素与人文环境因素复合作用的结果，其传统体育形式表现出柔美、细腻、传情、祥和、修身养性等文化特质。独具特色的射弩、打篾弹弓、赛马、藤球、白跌（打陀螺）、秋千、跳竹竿、板鞋舞、抓子、丢包、鸭子赛跑、青蛙赛跑、堆沙、放高升、来环傣、打水枪、象脚鼓、击抬鼓、傣族鼓、傣族武术、孔雀舞、白象舞、赛龙舟、独木舟、游泳、跳水等体育活动，是傣族传统体育文化的智慧结晶。

图 6-40

图 6-41

图 6-42

图 6-43

图 6-44

图 6-45

图 6-40 傣族射弩（张鸿力 摄）
图 6-41 张弩待射（中国体育博物馆 提供）
图 6-42 藤球（中国体育博物馆 提供）
图 6-43 校陀螺（张有林 摄）
图 6-44 打秋千（张鸿力 摄）
图 6-45 藤球竞技（张鸿力 摄）

图 6-46

图 6-47

图 6-48

图 6-49

图 6-50

图 6-51

图 6-46 板鞋竞走 1（中国体育博物馆 提供）
图 6-47 板鞋竞走 2（罗晓光 摄）
图 6-48 丢花包（韦晓康 摄）
图 6-49 竹竿舞（廖国 摄）
图 6-50 少年打陀螺（韦晓康 摄）
图 6-51 堆沙（张凤贵 摄）

图 6-52

图 6-53

图 6-54

图 6-55

图 6-56

图 6-57

图 6-52 象脚鼓（禹江宁 摄）
图 6-53 来环傣（中国体育博物馆 提供）
图 6-54 儿童抓子（张鸿力 摄）
图 6-55 傣族鼓（中国体育博物馆 提供）
图 6-56 赛龙舟（刘建明 摄）
图 6-57 泼水节（中国体育博物馆 提供）

图 6-58

图 6-59

图 6-60

图 6-61

图 6-62

图 6-58 双人孔雀舞（方征 摄）
图 6-59 傣族武术（张鸿力 摄）
图 6-60 刀术（张鸿力 摄）
图 6-61 白象舞（方征 摄）
图 6-62 传统健身舞（方征 摄）

侗族传统体育

侗族主要分布在贵州、湖南、广西三省区。根据 2010 年第六次全国人口普查统计，侗族人口为 2 879 974 人。侗族使用侗语，分南、北两种方言，其下又各分 3 个土语区。南、北方言间基本能通话。侗语以侗文的标准音贵州榕江话为代表。1958 年，根据自愿的原则，人民政府帮助侗族创造了拉丁字母形式的侗文。

侗族是我国南方具有悠久历史的民族，与古代南方百越族群有渊源。侗族今天聚居地区的古代居民，秦时称为“黔中蛮”，汉代称为“武陵蛮”“五溪蛮”，魏晋南北朝至隋唐时称为“僚”“僚浒”“乌浒”等。宋时有“仡伶”“仡佬”“仡偻”等称。明代出现了“峒人”“峒蛮”的称呼，而这当是侗族开始形成单一稳定的民族共同体的标志，其分布格局也与今日的分布基本相同。进入清代，侗族先民多称为“洞苗”“洞民”“洞家”，有时也被泛称为“苗”。中华人民共和国成立后，统一称为“侗族”。

侗族地区的自然旅游资源和人文旅游资源极为丰富，独特的地理环境和人文背景，为侗族传统民族文化的多样化奠定了基础。合唱歌曲大歌、合拢宴，以及鼓楼、风雨桥，成为侗族文化的标志与象征。勤劳的侗族人民，在长期的历史发展中创造了丰富多彩的体育文化，摔跤、掰木棍、扭扁担、草球、斗牛、哆毽、打陀螺、秋千、骑木马（踩高脚）、踩石轮、抢花炮、舞龙头、学斗牛、耍“春牛”、踩芦笙、抢荷包、抬管人、投火把、拉鼓、三三棋、侗拳等代表性的体育形式，与侗族人民的生活、生产实践密切相关。

图 6-63

图 6-63 侗跤（贵州省体育文化宣传信息中心 提供）

图 6-64 侗跤选手获胜瞬间（杨再元 摄）

图 6-65 掰木棍（郭兴忠 摄）

图 6-66 扭扁担（王湘军 摄）

图 6-64

图 6-65

图 6-66

图 6-67

图 6-68

图 6-69

图 6-70

图 6-67 三人荡秋（吴吉斌 摄） 图 6-68 斗牛（中国体育博物馆 提供） 图 6-69 抢花炮第一炮获得者（谭广鑫 摄） 图 6-70 抢花炮（何小玲 摄）

图 6-71

图 6-72

图 6-73

图 6-74

图 6-75

图 6-76

图 6-71 斗木牛（周天禄 摄）
图 6-72 哆毽（王湘军 摄）
图 6-73 双人哆毽（王湘军 摄）
图 6-74 耍“春牛”（中国体育博物馆 提供）
图 6-75 跳芦笙（谭广鑫 摄）
图 6-76 抬官人表演者（中国体育博物馆 提供）
图 6-77 拉鼓（中国体育博物馆 提供）
图 6-78 抬官人（谭广鑫 摄）

图 6-77

图 6-78

图 6-79

图 6-80

图 6-81

图 6-82

图 6-79 侗族刀术（杨世如 摄） 图 6-80 侗族棍术（杨世如 摄） 图 6-81 侗拳（王湘军 摄） 图 6-82 侗族儿童学习棍术（杨世如 摄）

仫佬族传统体育

仫佬族主要聚居在广西壮族自治区罗城仫佬族自治县，其余散居在广西壮族自治区及贵州省的部分市县等。根据2010年第六次全国人口普查统计，仫佬族人口为216 257人。仫佬族有自己的语言。由于长期与汉族、壮族等民族交往，人们也普遍通用汉语、壮语。仫佬族没有本民族文字，通用汉文。

仫佬族历史悠久，其先民可追溯到先秦百越支系的骆越，隋唐时属“僚人”一支。宋元时，其先民被称为“伶人”。作为单一民族共同体的出现，仫佬族族称最早见于宋代朱辅所著《溪蛮丛笑》一书中。明清以来，仫佬族先民又相继以“穆佬”“木老”“木佬”“姆佬”“木老苗”“伶”“伶僚”等名称见于汉文史籍中。仫佬族大多自称为“木冷”“谨”。中华人民共和国成立后的1956年，经民族识别，正式定名为“仫佬族”。

在长期的社会活动和与自然抗争中，仫佬族用勤劳的双手和智慧建设自己美丽的家园，创造了绚丽多彩的民族文化。形式多样的传统节日、优美的对歌，体现出仫佬族文化的深厚。仫佬族在历史的进程中，创造了丰富多彩的体育活动。具有代表性的活动，如打篾球（打篾蛋）、竹连球、烽火球、夫妻球、抛绣球、打灰包（打猪脚）、打陀螺、抢花炮、玩花龙、滚竹环、抢粽粑、舞草龙、斗鸡会、群龙争珠、凤凰护蛋、狮舞、游泳、象步虎掌、“独角鹭”舞等，与生活紧密相连，成为仫佬族人民生活中不可或缺的一部分。

图6-83 仫佬族打灰包（中国体育博物馆 提供）

图 6-84

图 6-85

图 6-86

图 6-87

图 6-88

图 6-89

图 6-90

图 6-91

图 6-92

图 6-84 竹球赛（张琪琪 摄）
图 6-85 打竹球（中国体育博物馆 提供）
图 6-86 夫妻球（张琪琪 摄）
图 6-87 抛绣球（广西壮族自治区罗城仫佬族自治县文化专员 摄）
图 6-88 拼抢绣球（广西壮族自治区罗城仫佬族自治县文化专员 摄）
图 6-89 抢粽粑（张琪琪 摄）
图 6-90 象步虎掌（中国体育博物馆 提供）
图 6-91 抢花炮（中国体育博物馆 提供）
图 6-92 舞草龙（蒋东升 摄）

水族传统体育

水族主要聚居在贵州省三都水族自治县，其余分布在贵州、广西、云南等省区。根据 2010 年第六次全国人口普查统计，水族人口为 411 847 人。水族有自己的语言和文字，水语大致分为三个土语区。水族文字称为“泐虽”，意为“水族的古老文字”，汉族多称“水书”“水文”“反书”，大约创制于明末清初。如今的水族人在日常生活中通用汉文。

水族自称“虽”，汉语音译为“水”。水族与古代的越人有着密切的渊源关系。早在秦汉以前，岭南地区以及东南沿海一带就居住着许多部落，如“瓯越”“骆越”等，统称为“白越”。从历史发展的种种迹象和语言以及文化特点等方面来考察，水族可能是从“骆越”的一支发展起来的。

根据水族的民间传说，由于战争的原因，水族先民很早就离开邕江流域，经今河池、南丹一带沿龙江溯流而上，往今黔、桂边境迁移，并定居于此。唐宋时期，中央王朝在水族先民居住的地区也设置了羁縻州县。其中抚水州的设立，表明水族已向单一民族共同体的方向发展。明末邝露所著的《赤雅》中开始出现“水”的族称，清代中叶以后的“水家苗”“水家”等，都与水族有历史渊源。

水族大多分布在苗岭山脉以南，原始的自然生态、原貌历史遗存的有机结合，构成了独特的原生态水族文化景观。“干栏”式建筑、镌刻历史祥云的布贴工艺及马尾绣工艺、反映水族传统文化的水书等，成为水族数千年文明史的历史见证。

水族传统体育具有典型的农耕文化特色，以休闲娱乐的项目居多，活动多与农耕生产方式、生活方式、风俗习惯相关。较具特色的扭扁担、扳手腕、扳腰、赛马、骑草马、踩高脚、踢毽子、狮子登高、翻桌子、跳桌子、斗鱼、摸鱼、斗角、抢鸭子、打长木鼓、九子棋、水棋、武术、斗贵（斗牛舞）、芦笙舞、傩面舞、丢压（铜鼓舞）等体育活动，已经深深地融入了水族人民的生活，成了他们重要的文化生活方式。

图 6-93

图 6-94

图 6-95

图 6-96

图 6-97

图 6-98

图 6-93 扁担上扳手腕（顾晓燕 摄）
图 6-94 扳手腕（张兴奇 摄）
图 6-95 端节（水族节日）赛马（莫善军 摄）
图 6-96 赛马选手奋勇争先（顾晓艳 摄）
图 6-97 踩高脚（吴东俊 摄）
图 6-98 骑草马（韦晓康 摄）

图 6-99

图 6-100

图 6-101

图 6-102

图 6-99 踢毽子（张兴奇 摄）　图 6-100 摸鱼比赛（张兴奇 摄）　图 6-101 斗角（韦毓祥 摄）　图 6-102 卯节（水族节日）抢鸭子（莫善军 摄）

图 6-103

图 6-104

图 6-105

图 6-106

图 6-107

图 6-103 芦笙舞（顾晓燕 摄）
图 6-104 傩面舞（中国体育博物馆 提供）
图 6-105 斗牛舞（贵州省体育文化宣传信息中心 提供）
图 6-106 九子棋（吴东俊 摄）
图 6-107 水棋（顾晓燕 摄）
图 6-108 铜鼓舞（顾晓燕 摄）
图 6-109 打长木鼓（张兴奇 摄）
图 6-110 打铜鼓（张兴奇 摄）
图 6-111 木鼓声声（张兴奇 摄）

图 6-108

图 6-109

图 6-110

图 6-111

毛南族传统体育

毛南族主要聚居在广西壮族自治区河池市环江毛南族自治县，其余散居在广西都安、南丹、玉林、柳州以及贵州平塘、独山等地。根据 2010 年第六次全国人口普查统计，毛南族人口为 101 192 人，为国家重点扶持的人口较少民族之一。毛南族有自己的语言，但由于长期与汉族、壮族等民族交往，毛南语中借入了这些民族的许多词汇，同时，绝大多数毛南人都会汉语或壮语。毛南族没有本民族文字，通用汉文。

毛南族历史悠久，其族源最早可追溯到古代的越人。隋唐时的“僚人”与毛南族有密切的渊源。宋代，毛南族先民被称为“茆滩”，该族称最早出现在宋人周去非所著的《岭外代答》一书中。此后，在汉文史籍中，又有“茅滩”“茅难”“茆难”“冒雨”等称呼。毛南族自称“阿南”，意为“此地人”“这个地方的人”。另还有“哀南”“印绕”“哎绕”等自称。毛南族在形成的过程中，融入了大量的汉族成分，如谭姓有来自湖南常德武陵之说，其他姓氏有来自福建、山东之说等。1956 年，不同地区、不同自称的毛南族曾统一定名为“毛难族”。

毛南族文化积淀丰厚，有著名的史诗、丰富的民歌、多彩的傩文化等，在民族文化中独树一帜。毛南人有强烈的进取精神，其传统的体育活动主要有同填、同顶、同背、同拼、扳手劲、拉龟、马革球、马克竞跑、打花龙、举石担、抛沙袋、抢飞鸟、舞龙、舞狮、三棋、射棋、围母棋（母子棋）、簸箕棋、牛角棋（棋煞娄）、禾剪棋、花竹帽舞、傩面舞等，其中，棋类项目最具特色，而同填、同顶则是毛南族人民最为喜爱的运动项目。

图 6-112

图 6-113

图 6-112 同填（广西壮族自治区环江县文化专员 摄）
图 6-113 同拼 1（广西壮族自治区环江县文化专员 摄）
图 6-114 三人组同顶（谭广鑫 摄）
图 6-115 同拼 2（覃永耀 摄）
图 6-116 扳手劲（刘惠鸽 摄）

图 6-114

图 6-115

图 6-116

图 6-117

图 6-118

图 6-119

图 6-120

图 6-121

图 6-122

图 6-123

图 6-117 马克竞跑（谭广鑫 摄）
图 6-118 拉龟（谭广鑫 摄）
图 6-119 抢飞鸟（泠风 摄）
图 6-120 村民下毛南三棋（覃永耀 摄）
图 6-121 马革球（侯少华 摄）
图 6-122 花竹帽舞（中国体育博物馆 提供）
图 6-123 傩面舞（梁汉昌 摄）

图 6-124

图 6-125

图 6-126

图 6-124 舞龙（广西壮族自治区体育局 提供）　图 6-125 毛南族长鼓舞（中国体育博物馆 提供）　图 6-126 毛南舞狮（中国体育博物馆 提供）

黎族传统体育

黎族主要聚居在海南省中南部的七县二市之内，其余散居在海南、广东、广西、贵州等省区。根据 2010 年第六次全国人口普查统计，黎族人口为 1 463 064 人。黎语分五个方言区，即俦、杞、润、美孚、加茂方言区，以“俦”方言区人口最多，“俦”方言通用范围较广。由于长期与汉族交往，黎语中吸收了不少汉语词汇，许多黎族人还会使用当地汉语方言。黎族没有本民族文字，1957 年，政府有关部门为黎族创制了以拉丁字母为基础的黎文。黎族也通用汉语汉文。

黎族是海南岛上最早的居民，其族源可追溯到古代的百越支系“骆越”。汉晋时期，黎族先民被包括在“里”“俚”“蛮”等族称中。随着郡县制的设立和中央王朝势力及汉人的进入，中原地区的封建经济制度也逐渐在海南岛确立，黎族先民的原始社会渐渐解体，开始向阶级社会过渡。隋唐时，又出现了“俚”“僚”的称呼，为中央王朝统一岭南地区做出重大贡献的冼夫人，即南朝至隋初的俚僚首领。唐末，在汉文史籍中出现了“黎”的称呼，标志着黎族作为单一的民族共同体出现在历史舞台上。宋代，“黎”逐渐代替“俚”，成为黎族的普遍族称。明清以后，黎族社会进入了一个新的发展时期，除少数仍保持着原始公社制的生产方式外，大多数地区的黎族已向封建社会转化，社会生产力水平渐趋于当地汉族的发展水平。

1950 年以后，实行民族区域自治，黎族人民当家作主，揭开了民族历史崭新的一页。

黎族人民有着璀灿的文化，著名的纺染织绣工艺、丰富多彩的歌舞，以及隆重而热烈的民族节日，是黎族传统文化的重要组成部分。

在悠久的历史进程中，在与大自然的抗争和生产、生活实践中，黎族人民创造出极为丰富多彩的体育文化，射箭、射弩、粉枪射击、弹弓、狩猎、拌跤、“顶牛”（顶膝盖）、顶棍、“拉乌龟”、打狗归坡、赛牛、赛牛车、斗牛、斗羊、打花棍、打陀螺、打木节、击木比远、荡秋千、放风筝、荡转车、卡咯（跳竹竿）、爬竿过树、拔藤、攀藤摘花、盖冽（穿藤圈）、竞走、乘子、背人碰撞、“抢姑娘”“运椰子”比赛、二人三脚竞跑、扔石击标、扔石子、猜木棒、守营、游水、水中格斗、竹排竞渡、钱铃双刀（钱串双刀）、钱串操、舂米操、跳鼓操、咚铃伽、摆手舞、舂米舞、打柴舞等，都是黎族颇具民族特色的传统体育活动。

图 6-127 黎族射箭（陈小蓉 摄）

图 6-128

图 6-129

图 6-130

图 6-131

图 6-128 传统黎族摔跤（王积礼 摄）
图 6-129 粉枪赛（王积礼 摄）
图 6-130 黎族射弩（王积礼 摄）
图 6-131 顶牛（王积礼 摄）
图 6-132 "拉乌龟"赛（陈小蓉 摄）
图 6-133 男女混双"拉乌龟"赛（王积礼 摄）
图 6-134 女子单人秋千（王积礼 摄）
图 6-135 打狗归坡（王积礼 摄）

图 6-132

图 6-133

图 6-134

图 6-135

图 6-136

图 6-137

图 6-138

图 6-139

图 6-140

图 6-141

图 6-142

图 6-136 男女混双秋千赛（王积礼 摄）
图 6-137 跳竹竿（王积礼 摄）
图 6-138 运椰子比赛（蒋聚荣 摄）
图 6-139 黎族斗羊（涂德海 摄）
图 6-140 咚铃伽（陈小蓉 摄）
图 6-141 二人三脚竞跑（中国体育博物馆 提供）
图 6-142 钱铃双刀（王积礼 摄）

图 6-143 摆手舞（陈小蓉 摄）　图 6-144 舂米舞（中国体育博物馆 提供）　图 6-145 打柴舞（曾苏群 摄）

京族传统体育

京族主要分布在广西壮族自治区防城港市下属的东兴市境内，聚居在江平镇的“京族三岛”——巫头岛、山心三岛、万尾岛，以及恒望、潭吉、红坎、竹山等地区。根据 2010 年第六次全国人口普查统计，京族人口为 28 199 人，为国家重点扶持的人口较少的民族之一。京族有本民族的语言，由于长期与汉族人民交往，绝大部分京族人都通用汉语汉文。

根据京族传说和一些族姓家谱、乡规民约记载，京族是一个跨境民族，其先祖曾居住在越南人民民主共和国的北部地区，大约从 16 世纪开始，也就是明代正德年间（1506—1521 年），京族先民因打鱼从越南涂山（今越南海防市附近）等地迁来现在广西的东兴地区，而绝大多数族民聚居在三岛上。这一迁徙过程一直持续到 19 世纪末，至今已有 500 多年的历史。

京族过去曾被称为“越族”，1958 年 5 月正式定名为“京族”。

京族是我国南方一个濒海而居、人口较少的民族。京族的传统舞蹈民族特色十分浓郁；独弦琴是京族的传统乐器，在我国民乐中一枝独秀；而集祭祀、乡饮、娱乐为一体的唱哈节，是京族一年中最隆重、盛大的民族传统节日。其作为一个载体，蕴藏和浓缩了京族广博深邃的历史文化内涵。

在长期的生产斗争中，京族人民创造了绚丽多彩的体育文化，流行的传统体育项目有摔跤、顶头、顶臂、顶担、“打狗”、搏脚（踩高跷）、跳竹竿、顶竹竿、捉贝、走田、黯鸡估（捉迷藏）、游水捉鸭、斗牛、武术、花棍舞、进香舞、进酒舞、天灯舞等。

图 6-146 顶担（周华 摄）

图 6-147

图 6-148

图 6-149

图 6-150

图 6-147 京族打狗归坡（广西壮族自治区体育局 提供）
图 6-148 搏脚（广西壮族自治区体育局 提供）
图 6-149 高脚步筝（刘小明 摄）
图 6-150 高脚罾顶手（刘小明 摄）
图 6-151 竹竿舞（中国体育博物馆 提供）
图 6-152 游水捉鸭（中国体育博物馆 提供）
图 6-153 儿童跳竹竿（中国体育博物馆 提供）

图 6-151

图 6-152

图 6-153

7

苗瑶语族

少数民族传统体育

苗瑶语族为汉藏语系的语族之一。这一语族分苗、瑶两个语支，使用此语族语言的有苗族、瑶族和畲族三个少数民族。此外，地处西南地区的仡佬族的语言虽也属于汉藏语系，但其语族还没有统一的定论。有的学者根据仡佬族语言的某些特点将其归为苗瑶语族[1]，不过语支同样未定。为了行文方便，本书也将其归入苗瑶语族中进行叙述。

本书把苗族、瑶族、畲族和仡佬族这四个少数民族作为一个单元进行叙述，从语属和历史地理文化来讲，主要考虑了以下四个方面。

首先，四个少数民族的语言在语族上有着一定的亲缘关系。它们同属于汉藏语系苗瑶语族，而各族的地方性族群在语言上也有交叉从属关系。这种语言、情感认同上的交叉从属关系，反映了四个民族在历史上曾经存在密切的互动。

其次，四个少数民族都与历史上的“武陵蛮”“五溪蛮”以及西南、中南地区早期的“濮人”存在着比较密切的渊源关系，说明早至秦汉，再到后来的唐宋时期，今天的湖南、贵州、江西等省交界地区，就是苗族、瑶族、畲族和仡佬族共同的“历史民族区”[2]。

第三，四个少数民族除了物质文化上接近以外，他们各自的社会组织（如“寨老制”“议榔”“石牌”）、民间传统信仰（“盘瓠”）也多有类似。

第四，除了上述历史和文化上的密切关系，上述四个少数民族还有一些相似的民族特点：如长期迁徙；大分散、大杂居、小聚居；地方性族群众多，内部的语言文化差异比较大；民族内聚力比较强；社会发育长期停滞，血缘和地缘双重性质的农村公社是曾长期存在的基本社会组织单位等。

上述共同性，反映了四个少数民族之所以同为苗瑶语族民族的语言、地理、历史和文化因素。当然，强调他们的共性，并不意味着否定其各自还有鲜明的特点。实际上，苗族、瑶族、畲族和仡佬族这四个民族的社会历史发展是不平衡的。 但表现在体育活动方面，南国水乡和山地民族的特点，仍然是这四个民族传统体育形式的功能共同点。

苗族传统体育

苗族主要分布在贵州、湖南、云南、四川、广西、湖北、海南等省区。在黔东南和湘鄂川黔的交界地带，有较大的聚居区。根据 2010 年第六次全国人口普查统计，苗族人口为 9 426 007 人。苗族有本民族语言而没有独创的统一文字。苗语内部又大致可分为三大方言、七个次方言、十八种土语。

苗族是一个十分古老的民族，其族群名称，最早见于《尚书》，有“三苗”“有苗”“苗民”等不同的提法。由历史的发展来看，苗族是在一个开放和互动的民族环境中形成和发展起来的，苗族的各个部分与周邻民族之间的相互融合和同化，苗族内部的分化与统合，是一个持续不断的过程。从“血统”来讲，由于长期的迁移、离散，使该民族在历史上始终从属于所在地区的强势民族，如汉族、彝族、侗族、土家族、布依族、壮族等，因而，苗族是一个“多元一体”的族体；从文化来讲，其也是一个“一体多元”的民族。

远古时的苗族先民居住在黄河流域以南、长江流域以北及长江流域中部广大地区，汉代移居湘西、黔东这个当时称作“玉溪”的地区，被称为“武陵蛮”“玉溪蛮”“长沙蛮”。元代，封建统治者在湖南苗族地区设置“五寨长官司”，在贵州苗族地区设置顺元等路军民安抚司，加强对苗族的统治。苗族人聚居云南时间比较晚，主要是清代时由贵州省迁去的。

近现代以来，苗族虽然比较集中地分布在我国长江以南的南方山区，但其分布的格局则是大杂居、小聚居。这种分布格局对苗族的民族文化多样性等都产生了深远的影响。

中华人民共和国成立以后，在广泛征求民族代表和各方面意见的基础上，确定“苗”作为苗族的统一民族名称。

苗族的历史悠久，文化传统丰厚。地理环境的差异，社会发展、经济生活和风俗习惯等方面的不同，使得苗族的传统体育活动呈现出丰富多彩的形式。苗族常见的民族体育活动项目有射

[1] 田继周，等．少数民族与中华文化 [M]. 上海：上海人民出版社，1996：18.
[2] C. Ⅱ．托尔斯托夫，等．普通民族学概论 [M]. 周为铮，金天明，吴玉，译．北京：科学出版社，1960：46.

箭、射弩、射背牌、吹枪、赛马、抱腰、踢脚架、扭扁担、顶杠、拔河、高跷、背篓球、绳球、投绣球、掷鸡毛（掷鸡毛球）、踢草球、布球、打糍粑比赛、打陀螺、打“草蛇”、踢毛菌、斗马、斗牛会、荡秋、麻古（手毽）、上刀梯、下火海、登山、爬花杆、爬坡杆、跃竹竿、打禾鸡、打泥脚、踢枕头、踢“老虎”、掷石、搓麻线、穿花衣（裙）赛跑、织麻赛跑、穿针赛跑、划龙舟、独竹漂、板凳龙、舞龙、舞狮、跳狮子、拉鼓、跳鼓、跳绳、跳三桩、打花棍、金钱棍、放响篱、跳芦笙（叠人）、舞吉保、接龙舞、猴儿鼓舞、苗族棋、武术等。

图 7-1

图 7-1 苗族射弩（吴东俊 摄）

图 7-2

图 7-3

图 7-4

图 7-5

图 7-6

图 7-7

图 7-8

图 7-2 儿童学射弩（刘建明 摄）
图 7-3 射背牌（陈小蓉 摄）
图 7-4 苗族赛马（贵州省体育文化宣传信息中心 提供）
图 7-5 顶杠（赵文龙 摄）
图 7-6 拔河（贵州省体育局 提供）
图 7-7 高脚马比赛（周克臣 摄）
图 7-8“斗牛”（张鸿力 摄）

图 7-9

图 7-10

图 7-11

图 7-12

图 7-13

图 7-14

图 7-15

图 7-16

图 7-17

图 7-9 投绣球（中国体育博物馆 提供）
图 7-10 背篓球（韦晓康 摄）
图 7-11 踢草球（张鸿力 摄）
图 7-12 绳球（吴文栋 摄）
图 7-13 打陀螺（贵州省体育文化宣传信息中心 提供）
图 7-14 打糍粑比赛（吴文栋 摄）
图 7-15 斗牛（张兴奇 摄）
图 7-16 斗马（蒋东升 摄）
图 7-17 8 人秋（吴文栋 摄）

图 7-18

图 7-19

图 7-20

图 7-21

图 7-22

图 7-18 苗族姑娘荡秋千（苏志平 摄）
图 7-19 打手毽（黄晓 摄）
图 7-20 爬杆（吴文栋 摄）
图 7-21 制作手毽的苗族姑娘（武正林 摄）
图 7-22 跃竹竿（韦晓康 摄）
图 7-23 倒爬杆（黄小良 摄）
图 7-24 打“禾鸡”（中国体育博物馆 提供）
图 7-25 打花棍（彭守胜 摄）
图 7-26 放响篝（贵州省民族委员会 提供）

图 7-23

图 7-24

图 7-25

图 7-26

图 7-27

图 7-28

图 7-29

图 7-30

图 7-31

图 7-32

图 7-33

图 7-27 跳绳（陈德彬 摄）
图 7-28 跳三桩（陈小蓉 摄）
图 7-29 “老虎抱蛋”（张鸿力 摄）
图 7-30 拉山（吴文栋 摄）
图 7-31 划旱舟（吴文栋 摄）
图 7-32 独竹漂（瞿冠英 摄）
图 7-33 独木龙舟（谭广鑫 摄）

图 7–34

图 7–35

图 7–36

图 7-37

图 7-38

图 7-39

图 7-40

图 7-34 老鹰捉小鸡（王玉科 摄）
图 7-35 顶石担叠罗汉（中国体育博物馆 提供）
图 7-36 打铜鼓（中国体育博物馆 提供）
图 7-37 八合鼓（吴文栋 摄）
图 7-38 苗鼓（吴文栋 摄）
图 7-39 猴儿鼓（吴文栋 摄）
图 7-40 跳鼓（黄小良 摄）

图 7-41

图 7-42

图 7-43

图 7-44

图 7-45

图 7-46

图 7-47

图 7-48

图 7-41 舞狮（符卫平 摄）

图 7-42 舞龙（符卫平 摄）

图 7-43 祭龙（曹经建 摄）

图 7-44 芦笙舞（王会平 摄）

图 7-45 板鞋舞（中国体育博物馆 提供）

图 7-46 舞爬龙（韦晓康 摄）

图 7-47 舞火龙（吴文栋 摄）

图 7-48 接龙舞（何小玲 摄）

图 7-49

图 7-50

图 7-51

图 7-52

图 7-53

图 7-54

图 7-49 扁担舞（赵文龙 摄）
图 7-50 板凳舞（舒文钧 摄）
图 7-51 苗族棋（吴文栋 摄）
图 7-52 苗族气功（吴文栋 摄）
图 7-53 跳香舞（符卫平 摄）
图 7-54 苗家武术（符卫平 摄）

图 7-55

图 7-56

图 7-57

图 7-58

图 7-59

图 7-55 岩鹰拳（周克臣 摄）
图 7-56 执械对打（吴文栋 摄）
图 7-57 老君扛伞（张才军 摄）
图 7-58 单人执械演练（吴文栋 摄）
图 7-59 棒棒烟（何小铃 摄）

瑶族传统体育

瑶族主要分布在广西壮族自治区和湖南、云南、广东、贵州等省。根据 2010 年第六次全国人口普查统计，瑶族人口为 2 796 003 人。瑶族有本民族的语言而无文字。瑶语内又分为三种语言，即“勉语”“布努语”“拉珈语”。由于与周边民族交往比较密切，瑶族男子多兼通汉族、壮族等民族语言。瑶族没有本民族文字，一般通用汉文。

瑶族的历史源远流长，一般认为，瑶族源于汉晋时期频见于籍载的“长沙武陵蛮”，其原始居地约当今湖南的湘江、资水、沅江流域和洞庭湖沿岸地区，甚至达到了今湖北、四川、贵州、江西、安徽、河南、陕西等省的部分地区。正因为如此，瑶族的来源是多元的。

历史上，瑶族的民族名称分自称和他称两种。瑶族的自称，根据语言普查结果，共有 28 种之多。瑶族的他称，也有数十种之多。瑶族的自称和他称尽管不同，但在长期的历史发展过程中，瑶族先民遭遇相同或相近的命运，在心理素质上渐趋一致，并逐步对“瑶”这一称谓形成比较高度和普遍的认同。中华人民共和国成立以后，在民族识别的基础上，根据本民族群众的意见，确定以“瑶”作为瑶族的法定民族名称。

瑶族漂泊游耕的生活炼就了瑶胞的不屈不挠、果敢刚毅的团体习性。他们创造着物质，探索着文明。瑶族居住地区多为亚热带，村寨周围竹木叠翠，风景秀丽。这种独特的地理环境和人文背景，形成了瑶族独具特色的传统体育文化。射弩、打乌铳、对顶木杠、“顶牛”、扭杆、拗把、打磨秋、顶鼓、毛莱球（木头球）、喇叭球、打陀螺、投绣球、滚牛皮、唠忒、吹牛角、赛楼梯、布袋狮、舞龙、舞狮、龙舟竞渡、独木划水、独木桥、打猎操、斗鸡、上刀山、播公（打长鼓）、跳桩、芦笙长鼓舞、木鼓舞、铜鼓舞、黄泥鼓舞、猴鼓舞、跳斑鸠、串春珠、伞舞、刀舞、盾牌舞、瑶拳等活动形式，都是瑶族人民经常开展的传统体育活动。

图 7-60

图 7-60 瑶族射弩（张鸿力 摄）

图 7-61

图 7-62

图 7-63

图 7-64

图 7-65

图 7-66

图 7-67

图 7-61 打乌铳（益明 摄）
图 7-62 打扁担（陈小蓉 摄）
图 7-63 顶鼓（梁汉昌 摄）
图 7-64 顶竹杠（梁汉昌 摄）
图 7-65 多人顶竹杠（马红专 摄）
图 7-66 扭杆（中国体育博物馆 提供）
图 7-67 拗把（中国体育博物馆 提供）

图 7-68

图 7-69

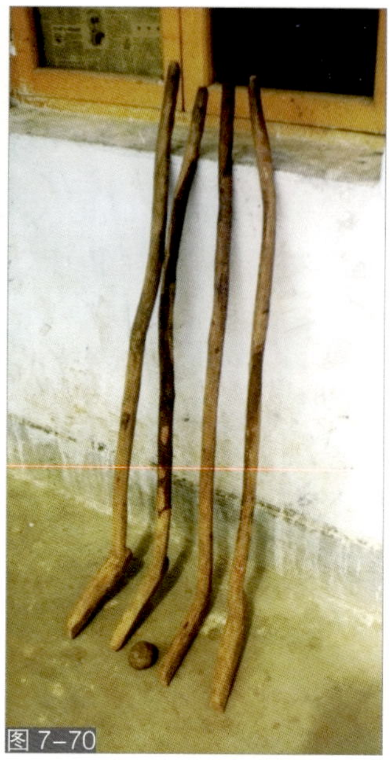
图 7-70

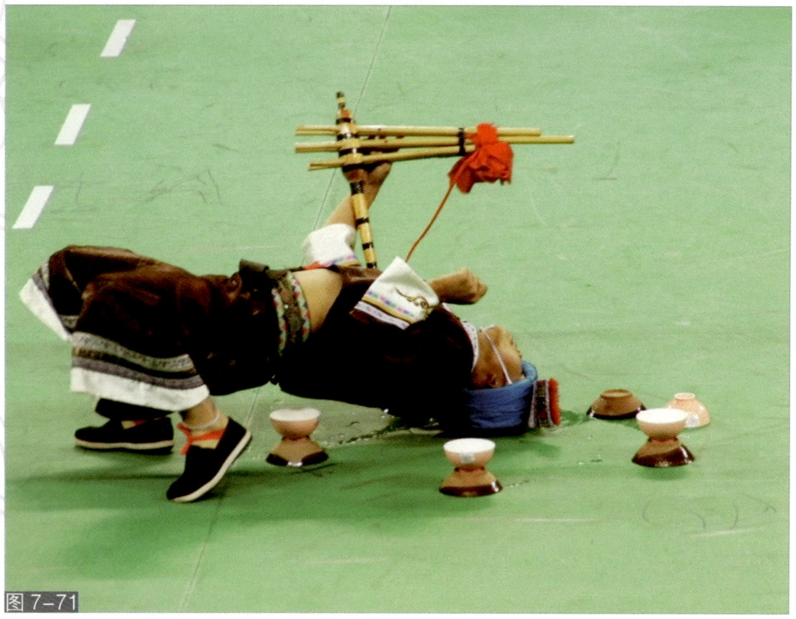
图 7-71

图 7-72

图 7-68 木球比赛（周克 摄）
图 7-69 打磨秋（蒋东升 摄）
图 7-70 传统木球杖和木球（周克 摄）
图 7-71 滚牛皮（韦晓康 摄）
图 7-72 抛绣球（朱嘉凯 摄）
图 7-73 唠忒（韦晓康 摄）
图 7-74 女子龙舟赛（中国体育博物馆 提供）
图 7-75 打陀螺（秦刚 摄）

图 7-73

图 7-74

图 7-75

图 7-76

图 7-77

图 7-78

图 7-79

图 7-80

图 7-76 跳桩（韦晓康 摄）
图 7-77 斗鸡（蒋东升 摄）
图 7-78 吹牛角比赛（蒋东升 摄）
图 7-79 赛楼梯（韦晓康 摄）
图 7-80 布袋狮（陈小蓉 摄）
图 7-81 上刀山（赵文龙 摄）
图 7-82 黄泥鼓舞（蒋东升 摄）
图 7-83 打手鼓（湖南省体育局 提供）

图 7-81

图 7-82

图 7-83

图 7-84

图 7-85

图 7-86

图 7-87

图 7-88

图 7-89

图 7-90

图 7-91

图 7-92

图 7-84 瑶族长鼓舞表演 1（赵文龙 摄）
图 7-85 瑶族长鼓舞表演 2（赵文龙 摄）
图 7-86 打铜鼓（中国体育博物馆 提供）
图 7-87 火龙（中国体育博物馆 提供）
图 7-88 猴棍舞（蒋东升 摄）
图 7-89 舞狮赛（马红专 摄）
图 7-90 伞舞（中国体育博物馆 提供）
图 7-91 人龙（周克 摄）
图 7-92 跳斑鸠（潘世明 摄）

畲族传统体育

畲族主要分布在福建、浙江两省，其余散居在江西、广东、安徽等省。浙江景宁县是全国唯一的畲族自治县。根据 2010 年第六次全国人口普查统计，畲族人口为 708 651 人。畲族有自己的语言，该语言迄今依然在广东省的海丰、增城、惠阳、博罗等县极少数畲族当中使用。在实际生活中，畲族主要使用的“畲语”和汉语的客家方言很接近，这应是语言同化与局部融合的结果。在对外交往当中，各地畲族主要使用当地的汉语方言。畲族没有本民族文字，通用汉文。

根据学术界的研究，畲族与瑶族有密切关系，都是汉晋时期见于史载的“武陵蛮”后裔。此外，也有一部分学者主张畲族为古代百越后裔[1]。一般认为，畲族形成的大致年代是在唐宋时期。这个时期在汉文文献上出现的“蛮”“蛮僚”“峒蛮”“峒僚”等名称，所指称的民族集团具有瑶族和畲族的许多共同文化特征，在特定区域应是指畲族或至少包括畲族先民在内。南宋末期，出现了“畲民”[2]的名称，元代以后，这一名称基本固定下来，标志着畲族作为一个比较独立的民族共同体已基本形成。

根据《广韵 · 九麻》的记载，“畲”与“烧山种田”的刀耕火种生计有关。而“畲民”之所以被用来作为人们共同体的名称，与畲族先民长期从事刀耕火种有直接关系。此外，由于畲族与苗瑶族系的苗族和瑶族在历史渊源和语言、文化等方面有许多接近之处，明清时期的地方志中，往往也把畲族称为“瑶人”“畲瑶”“苗瑶”等。在畲族民间，他们并不以“畲”作为自称，其自称为“山哈”，“哈”是“客”的意思，“山哈”意即居住在山里的客人，这一名称所反映的应是畲族经过辗转迁徙最后陆续在现在所居各地扎根下来的一种身份意识。

畲族的民族文化颇具特色，无论是聚居的村落，还是盘唱民歌，甚而传统服装和手工艺织品等，都成为一种“活”着的畲族“文物”。处于东南丘陵地带的畲族人，在漫长的历史过程中，在生产、劳动、娱乐和原始宗教等社会活动中，创造了适宜山区开展的、地方特色浓郁的民族传统体育。摔跤、斗力、押甲、扳手腕、拔河、“斗牛”（顶牛）、操石磉、操杠、翻龙泉、“猴子护蛋”、锯木比赛、“虎抓羊”、打尺寸、舞狮、赛海马（滑泥板、滑板）、爬竹杆、站柱、踏地、稳凳、摇锅、打柴棒、抢山猪头、赶野猪、打野战、“采柿子”越火堆、硬气功、武术、马字灯、舞铃刀、传统秧歌等，都是颇具畲族民族特色的运动娱乐方式。

图 7-93

图 7-94

[1] 施联珠 . 解放以来畲族研究综述 [M] // 施联珠 . 畲族研究论文集 . 北京：民族出版社 , 1987：6-19。

[2] 资料来源于宋代刘克庄所著《后村先生大全集》卷九三《漳州谕畲》，其中有“畲民不悦（役），畲田不税，其来久矣”“余读诸畲款状，有自称盘护（即盘瓠）孙者”等句。

图 7-95

图 7-96

图 7-97

图 7-98

图 7-93 畲族摔跤（马徽江 摄）
图 7-94 斗力（福建省体育局 提供）
图 7-95 扁担上掰手腕（中国体育博物馆 提供）
图 7-96 押加比赛（方征 摄）
图 7-97“大象拔河”（中国体育博物馆 提供）
图 7-98 婆婆与姐妹拔河（中国体育博物馆 提供）

图 7-99

图 7-102

图 7-101

图 7-100

图 7-103

图 7-104

图 7-105

图 7-106

图 7-99 打尺寸（中国体育博物馆 提供）
图 7-100 操石磙比赛（方征 摄）
图 7-101 操杠（陈爱民 摄）
图 7-102 翻龙泉（黄罗家 摄）
图 7-103 赶“野猪”（蓝三峰 摄）
图 7-104 赶猪大赛（蓝三峰 摄）
图 7-105 “猴子护蛋”（王天杞 摄）
图 7-106 “虎抓羊”（江西省体育局 提供）

图 7-107

图 7-108

图 7-109

图 7-110

图 7-111

图 7-112

图 7-113

图 7-114

图 7-115

图 7-107 锯木比赛（方征 摄）
图 7-108 爬竹竿比赛（江西体育局 提供）
图 7-109 攀高（韦晓康 摄）
图 7-110 踩泥马（徐松青 摄）
图 7-111 踏地（林兴忠 摄）
图 7-112 摇锅（杨富学 摄）
图 7-113 稳凳（黄罗家 摄）
图 7-114 马字灯（马徽江 摄）
图 7-115 “采柿子”比赛（韦晓康 摄）

图 7-116

图 7-117

图 7-118

图 7-116 舞龙头（马徽江 摄）　图 7-117 硬气功（中国体育博物馆 提供）　图 7-118 畲族传统秧歌（中国体育博物馆 提供）

仡佬族传统体育

仡佬族主要聚居在贵州省，其余分布在广西、云南、四川等省区。根据 2010 年第六次全国人口普查统计，仡佬族人口为 550 746 人。仡佬族有自己的语言，分黔北、黔中、黔西和黔西南方言。与汉族、苗族、彝族、壮族、布依族等民族杂居者，多能使用这些相邻民族的语言。仡佬族没有本民族的文字，主要使用汉文。

仡佬族族源最早可以追溯到古代的濮人。殷商时期，在我国的西南、中南等地就有濮人活动。据史学家研究，这部分濮人与越人关系较密切。春秋时，今西南地区的濮人建立了牂牁国。战国时，牂牁国衰亡，在其北部建立起夜郎国。秦汉至魏晋南北朝时，汉文史籍中又出现了“濮”与“僚”的并称“濮僚”“僚”之称。唐宋时，仡佬族先民逐渐向单一民族共同体方向发展，史书中出现了“猲獠”“犵獠”“佶獠”“犵獠”等称呼，元明清时期又有“秃喇”“老佬”“革僚”等称呼，这些都是“仡佬族”这一称呼的同音异写，并一直保存到近现代。

仡佬族主要分布在云贵高原东部，这一环境为仡佬族产生丰富多彩的民族文化奠定了基础。多彩多样的节日、各有特色的民歌、朴素优美的音乐舞蹈等，展示着丰富的仡佬族民风民俗。仡佬族的传统体育文化，与其独特的地域特征和生活习俗有着密切的关系。其传统体育运动项目主要有扭棍、押加、推笆、打篾鸡蛋球、“抱蛋”、打鸡毛球、打磨秋、踢毽子、抢花炮、高台舞狮、牛撵牛、地戏（傩戏）、挡耙、“跳海”、打花龙、板凳拳、牛筋舞、踩堂舞等。

图 7-119

图 7-119 扭棍（吴东俊 摄）

图 7-120

图 7-121

图 7-122

图 7-123

图 7-124

图 7-125

图 7-126

图 7-127

图 7-120 推笆（贵州省遵义市务川仡佬族苗族自治县 提供）
图 7-121 押加（中国体育博物馆 提供）
图 7-122“抱蛋”（贵州省遵义市务川仡佬族苗族自治县 提供）
图 7-123 打蔑鸡蛋（贵州省遵义市务川仡佬族苗族自治县 提供）
图 7-124 争“蛋”（中国体育博物馆 提供）
图 7-125 高台舞狮（中国体育博物馆 提供）
图 7-126 仡佬族傩戏（中国体育博物馆 提供）
图 7-127 仡佬族武术（中国体育博物馆 提供）

8

孟高棉语族

印度尼西亚语族

伊朗语族

斯拉夫语族

少数民族传统体育

在我国西南地区的少数民族中，佤族、德昂族和布朗族的语言都属于南亚语系孟高棉语佤族德语支。他们与东南亚的孟族、高棉族等民族，在历史源流上有密切关系。从族源上看，佤族、德昂族和布朗族都同出于古代的百濮族群，居住相对集中在云南省西部和西南部地区。根据现有汉文历史文献的记载，我国的孟高棉语族各民族历史上没有经过大跨度、长距离的迁徙，民族分化也相对较晚，这使得他们在历史的发展中具有较多的共同点。

至于分布在台湾岛一带的高山族所使用的语言，属于印度尼西亚语族。印度尼西亚语族属于南岛语系（即“马来－印度尼西亚语系”，是对分布在太平洋中各大小岛屿上的各族群所操数百种亲属语言的概称）中四个语族之一。由于我国的高山族包含了多个族群，因而各族群所操母语涵盖了印度尼西亚语族四个语团中的三个，即除了马来波利尼西亚语团以外的泰雅、邹、排湾语团。

在伊朗语族民族中，我国的塔吉克族是其中唯一的一支。这一民族在语言上属于印欧语系伊朗语族的帕米尔语支。我国的塔吉克族由于所处的特殊地理位置以及长期受维吾尔等族的影响，以至于他们在物质文化和精神文化上同国外塔吉克族有着较大的差异。

在印欧语系斯拉夫语族东斯拉夫语支民族中，我国的俄罗斯族是其中唯一的一支。俄罗斯族的主体在俄罗斯联邦，而我国的俄罗斯族主要是 18 世纪以后陆续从俄罗斯迁徙而来的。因而，从历史的发展来看，今天我国的俄罗斯族绝大多数为俄罗斯族和汉族混血的后裔。由于他们长期与汉族以及周围其他少数民族杂居相处，所以，在物质文化和精神文化上，一方面保留了俄罗斯族的传统特点，另一方面又吸收了汉族以及周围其他少数民族的特点。

上述使用四个语族语言的六个少数民族，由于地理、历史和文化的关系，除了在语言归属上有着一定的不同，在传统体育的形成与发展方面，也有着各自的特点，而这几个具有特殊文化背景的少数民族所具有的传统体育活动，是中国少数民族传统体育文化的重要组成部分。

佤族传统体育

佤族主要分布在云南省西盟、沧源、孟连三县，耿马、澜沧、双江、镇康、永德、昌宁、勐海等县也有分布。根据 2010 年第六次全国人口普查统计，佤族人口为 429 709 人。佤族有自己的语言，由于长期与汉族、傣族交往，其语言中也融入了不少这些民族的借调。1956 年，语言工作者为佤族创制了一套以拉丁字母为基础的文字，1957 年后，开始试行推广。

佤族先民的族源最早则可以追溯到古代的濮人族系。秦汉时期开发“西南夷”，中央王朝曾在佤族先民的居住地设置了益州郡、永昌郡，郡内“闽濮”“鰈濮”等族群，即与今孟高棉语族民族有渊源。唐代以后，有关佤族的历史有了明确记载。明清时期，佤族先民在汉文史籍中被称为“哈杜”“哈刺”“嘎喇”“古刺”“哈瓦”“卡瓦”等。历史上，佤族与汉族及周围的傣族、拉祜族等民族相互交往，相互影响。清乾隆年间，云南石屏人到“葫芦国”（今永邦、班洪、班老等地）开采茂隆银矿，矿工两三万人，内地前往经商者不绝于途。矿厂停办后，大批矿工流落当地，逐渐融合于佤族中。

历史上，佤族的自称因地区不同而有差异。根据各地佤族的自称，大致可分为以下几个主要支系：勒佤、布饶、佤崩、佤固德、佤、腊人、恩人和宋人。1962 年，根据本民族意愿，各地佤族统一称为“佤族”。

佤族主要聚居地被称为阿佤山区。在历史大发展中，佤族人民利用山区的特点创造了多姿多彩的体育活动，如骑射、射弩、布隆（摔跤）、堵（顶杠）、卓威达威（拔腰力）、脚斗、比手劲、能顿、布球、背篓球、牛尿泡球、藤球、莫海亚（鸡毛球）、布冷（鸡枞陀螺）、重章撒（高跷）、跳高、“跳海”、摸你黑、抢石、爬竿、打歌、司岗里、牛角棋、舂米舞、甩头舞、木鼓舞、跺脚舞、勐安木拐舞、剽牛舞等，都是具有典型民族特色的体育活动形式。尤其是每逢年节或旱谷金黄、玉米叶泛红之时，人们便在田边地头开展这些带有民间色彩的体育娱乐活动。

图 8-1

图 8-2

图 8-3

图 8-1 弓弩射日（中国体育博物馆 提供） 图 8-2 比手劲（中国体育博物馆 提供） 图 8-3 布隆（中国体育博物馆 提供）

图 8-4

图 8-5

图 8-6

图 8-7

图 8-4 鸡枞陀螺（中国体育博物馆 提供）
图 8-5 飞陀螺（中国体育博物馆 提供）
图 8-6 佤族武术（张鸿力 摄）
图 8-7 摸你黑（陈俊书 摄）
图 8-8 打歌（韦晓康 摄）
图 8-9 背篓球（韦晓康 摄）
图 8-10 司岗里（秦晴 摄）

图 8-8

图 8-9

图 8-10

图 8-11

图 8-12

图 8-13

图 8-14

图 8-11 甩发舞（蔺以光 摄）
图 8-12 舂米舞（中国体育博物馆 提供）
图 8-13 拉木鼓（中国体育博物馆 提供）
图 8-14 打木鼓（中国体育博物馆 提供）
图 8-15 木鼓舞（中国体育博物馆 提供）
图 8-16 剽牛舞（中国体育博物馆 提供）
图 8-17 勐安木拐舞（韦晓康 摄）

图 8-15

图 8-16

图 8-17

德昂族传统体育

德昂族主要分布在云南省德宏傣族景颇族自治州和镇康、耿马、永德、保山、澜沧等县市。根据 2010 年第六次全国人口普查统计，德昂族人口为 20 556 人，为国家重点扶持的人口较少的民族之一。德昂族有自己的语言，分“别列”“梁”“汝买”三种方言。由于长期与傣族、汉族、景颇族等民族交往，不少德昂人还会讲傣语、汉语和景颇语。1972 年，居住在缅甸境内的德昂族在缅文和傣文的基础上，创制了一种德昂文，现已得到推广使用。

德昂族是中国西南边疆最古老的开发者之一，“德昂”之名源于本民族的自称，“昂”在德昂语中具有“山崖”“崖洞”之意。德昂族与佤族、布朗族一样，其渊源都可追溯到古代的百濮族群中。隋唐时期，德昂族的先民——濮人已在今云南的保山、德宏、临沧等地建立起具有地缘部落或政治雏形的社会组织，即唐代史书上所称的“茫蛮部落”，并与布朗族和佤族先民一同建立了金齿国，创造了灿烂的农耕文化和文明。元代，金齿国被蒙古军征服，不少德昂族先民融合到了傣族中。德昂族作为单一的民族载于汉文史籍中是在清代。当时，根据“崩龙”妇女的服饰，分别称为“红崩龙”“花崩龙”“黑崩龙”。直到 1985 年之前，在许多有关德昂族的书籍中，仍称之为“崩龙”。但该词因内含贬义，1985 年 9 月，国务院有关部门根据德昂族群众的要求，重新定名为“德昂族”。

德昂族是一个能歌善舞的民族，由于德昂族多与其他许多兄弟民族同田共耙，因而在传统文化方面与阿昌族、景颇族、汉族、傣族有着许多的共同之处，在体育活动方面也有着一定的共同点，其中，射弩、打篾弹弓、扭棍、打陀螺、拖格厅、秋千、武术、象脚鼓舞、佛鼓舞、铓鼓舞、水鼓舞、竹竿舞是德昂族的特色项目，具有群众性，是节日庆祝活动的内容之一。

图 8-18

图 8-19

图 8-18 蔑弹弓（杨帮庆 摄）
图 8-19 扭棍（赵晏尼 摄）
图 8-20 拖格厅（朱嘉凯 摄）
图 8-21 荡秋千（中国体育博物馆 提供）
图 8-22 德昂族刀术（杨帮庆 摄）
图 8-23 德昂族棍术（杨帮庆 摄）

图 8-20

图 8-21

图 8-22

图 8-23

图 8-24 德昂族双节棍（杨帮庆 摄）

图 8-25 象脚鼓舞（中国体育博物馆 提供）

图 8-26 象脚鼓（中国体育博物馆 提供）

图 8-27 锣鼓舞（中国体育博物馆 提供）

布朗族传统体育

布朗族主要分布在云南省西南部和西部沿边地区，是一个跨境而居的民族。根据 2010 年第六次全国人口普查统计，布朗族人口为 119 639 人，为国家重点扶持的人口较少的民族之一。布朗族使用布朗语，分为布朗和阿尔佤两大方言。由于长期与傣族交往，其语言中吸收了不少傣语借词，因而布朗族大多数人都会讲一些傣语。布朗族没有本民族文字，由于宗教信仰的关系，一些男子会使用傣文，现已改用汉语、汉文为主要的交际工具。

布朗族自称“布朗”“波朗”“翁拱”“蒲满”“乌”“阿娃”“本人”“阿瓦”等，他称有“拿娃”“蒲蛮”“阿别”“卡坡”“濮曼”等。布朗族历史悠久，源于古代的濮人。汉晋时期，布朗族先民包括在“闽濮”“鸠僚”“躶濮”“濮”“苞满”“尾濮”等族称里。隋唐时期，濮人族群逐渐分化，并向单一民族群体发展。这一时期出现的“朴子蛮”，就包括了布朗族和德昂族先民在内。元明清时期，居住在怒江以东以及澜沧江流域广大区域的“朴子蛮”逐渐向现代的布朗族发展，多称作“蒲蛮”“蒲人”。中华人民共和国成立后，根据本民族意愿，统一称为“布朗族”。

布朗族历史悠久，文化博大精深。布朗族的体育活动丰富多彩，因其居住地区较为分散，各自所处自然环境与先进民族的交往程度互不相同，因而传承下来的体育项目明显地具有原始特征。但多数活动内容表现的是一种稳定和具有集体聚合力的社群娱乐。在布朗族的传统体育活动中，射箭、跑马、“斗鸡”、布朗球、藤球、碰碰撞、秋千、独绳秋、陀螺、爬竿、亚嘟嘟、赛席欢、登山、恩格兰、武术、布朗舞、蜂桶鼓舞、跳大鼓和唱灯较为常见。

图 8-28

图 8-29

图 8-28 布朗族“斗鸡”（中国体育博物馆 提供）
图 8-29 碰碰撞（李志雄 摄）

图 8-30

图 8-31

图 8-32

图 8-33

图 8-30 布朗族藤球（朱嘉凯 摄）　图 8-31 亚嘟嘟（云南省体育局 提供）　图 8-32 赛席欢（李勇 摄）　图 8-33 蜂桶鼓舞（中国体育博物馆 提供）

高山族传统体育

高山族主要居住在台湾本岛的山地和东部沿海纵谷平原以及兰屿上。根据 2010 年第六次人口普查统计，分布在祖国大陆的高山族共有 4 009 人，以福建、河南、广西等省区较为集中。1989 年前后，台湾高山族人口约为 50 万人[1]。高山族各族群都有自己的语言，无文字。闽南、客家方言是高山族对外交流的重要语言工具。

历史上，高山族与亚洲东南部，特别是我国东南沿海一带的古越人有着十分密切的渊源[2]。自新石器时代以来，生息于我国东南沿海（福建地区、台湾省）一带的古越人中又先后融入登陆台湾的南岛语系各移民团，使得高山族族群逐渐扩大。三国时的《临海水土志》，称台湾为"夷洲"，岛上的早期居民则称为"夷"。此后，历代有"流求""岛夷""土民"等名称。明清时期，对高山族的指称逐渐统一，即多用"东番""东番夷人""番族"之名，说明高山族各族群社会交往密切化、文化共性逐渐显现，也标志着高山族作为一个民族共同体基本形成[3]。

今日台湾地区的高山族，是在本地居民的基础上，融合了从我国大陆地区迁移而来的汉人，经过数千年复杂的演变过程而逐渐形成的。高山族实际上是一个血统多元、文化各异的族群[4-6]。分布在我国大陆地区的高山族，以河南、福建、广西等省区较为集中。1953 年在全国人口普查中，国务院有关单位正式采用并公布了高山族这一名称；分布在台湾地区的高山族以中部山区、东部纵谷平原、西部平原以及兰屿为主，他们统一规划为 30 个"山地乡"，分属 12 个县级行政区，并根据地理分布和社会文化状况，把主要分布在中部山地、东部纵谷和兰屿岛上的泰雅、赛夏、布农、邹、排湾、鲁凯、卑南、阿美、雅美（1998 年更名为"达悟"）9 个族群作为"山地人"，俗称"九族"；把主要分布在平原和埔里盆地的凯达加兰、噶玛兰、道卡斯、巴则海、巴布拉、巴布萨、邵、和安雅、西拉雅、猴猴 10 个族群合称为"平埔人"。1994 年以后，台湾将"高山族""山地山胞""平地山胞""山胞""先住民""土著族"等名称统一改称为"（台湾）原住民"。

高山族的传统文化丰富多彩，其传统因素保存着古越人典型的文化特质。高山族的传统体育文化，既保持固有文化的传统特色，又引进并融汇了移民文化的合理内涵。其中富于民族特色的射箭、狩猎、斗力（摔跤）、扭棍、负重、顶上功夫、刺球（竿球、顶球）、背篓球、钱仔球（踢毽子）、捣米比赛、竹摔（对棍）、拔河、风吹（风筝）、秋千、打干乐（陀螺）、拉竿、投石子、龙舟竞渡、大船下水祭、斗走（赛跑）、顶壶竞走、弄龙（舞龙）、弄狮（舞狮）、头目棋、踏歌、捣杵舞、丰年祭等较为流行。

[1] 陈国强. 高山族风情录 [M]. 成都：四川民族出版社，1994：1.

[2] 凌纯声. 中国边疆民族与环太平洋文化 [M]. 台北：联经出版事业公司，1979：336.

[3] 中国少数民族编写组. 中国少数民族 [M]. 北京：人民出版社，1981：578.

[4] 曾思奇. 高山族文化志 [M]//《中国文化通志》编委会. 中华文化通志：民族文化典. 上海：上海人民出版社，1998：383-385.

[5]《高山族简史》编委会. 高山族简史 [M]. 福州：福建人民出版社，1982：10-26.

[6] 李亦园. 从民族文化史看台湾与大陆的关系 [M]// 中央民族大学民族学与社会学学院，中国少数民族研究中心. 中国民族学纵横. 北京：民族出版社，2003.

图 8-34 高山族男子射箭（陈小蓉 摄）

图 8-37

图 8-36

图 8-35

图 8-38

图 8-39

图 8-40

图 8-41

图 8-35 高山族的射箭传承（陈小蓉 摄）
图 8-36 高山族弓箭制作（陈小蓉 摄）
图 8-37 高山族传统射箭（王建台 提供）
图 8-38 高山族传统射箭竞赛（胡永宝 摄）
图 8-39 高山族射箭（郭东雄 摄）
图 8-40 射耳祭（徐明正 摄）
图 8-41 近代高山族狩猎者（中国体育博物馆 提供）

图 8-42

图 8-43

图 8-44

图 8-45

图 8-46

图 8-42 高山族掷矛（郭东雄 摄）
图 8-43 高山族掷矛所用山猪靶（郭东雄 摄）
图 8-44 高山族射茅（王建台 提供）
图 8-45 投标射猎（福建省体育局 提供）
图 8-46 扭棍角力（中国体育博物馆 提供）
图 8-47 顶棍（陈杨坤 摄）
图 8-48 排湾人负重（郭东雄 摄）
图 8-49 鲁凯人女子顶上功夫（王建台 提供）
图 8-50 排湾人顶上功夫（郭东雄 摄）

图 8-47

图 8-48

图 8-49

图 8-50

图 8-51

图 8-52

图 8-53

图 8-54

图 8-51 高山族荡秋千（陈小蓉 摄）
图 8-52 荡秋千（徐明正 摄）
图 8-53 打陀螺（王古山 摄）
图 8-54 抛陀螺（韦晓康 摄）
图 8-55 飞陀螺（韦晓康 摄）
图 8-56 高山族摔跤（郭东雄 摄）
图 8-57 刺球（徐明正 摄）

图 8-55

图 8-56

图 8-57

图 8-58

图 8-59

图 8-60

图 8-61

图 8-58 高山族传统拔河（王建台 提供）
图 8-59 高山族背篓球（中国体育博物馆 提供）
图 8-60 龙舟竞渡（中国体育博物馆 提供）
图 8-61 高山族大船下水祭（董恩慈 摄）
图 8-62 大船上岸（董恩慈 摄）
图 8-63 高山族勇士出征（王建台 提供）
图 8-64 高山族勇士舞（江美香 摄）

图 8-62

图 8-63

图 8-64

图 8-65

图 8-66

图 8-67

图 8-68

图 8-65 高山族男子狩猎舞（林春成 摄）
图 8-66 高山族大狩猎舞（屏东大学 提供）
图 8-67 击竹踏歌（韦晓康 摄）
图 8-68 高山族杵舞（韦晓康 摄）
图 8-69 近代高山族人捣杵舞（中国体育博物馆 提供）
图 8-70 高山族丰年祭孩童舞蹈（董恩慈 摄）
图 8-71 高山族丰年祭女性舞蹈（董恩慈 摄）
图 8-72 高山族椰油丰年祭（董恩慈 摄）

图 8-69

图 8-70

图 8-71

图 8-72

图 8-73

图 8-74

图 8-75

图 8-76

图 8-77

图 8-73 高山族女子舞蹈（屏东大学 提供）
图 8-74 高山族矮灵祭（郭东雄 摄）
图 8-75 高山族女子捣小米赛（王建台 提供）
图 8-76 高山族捣米竞技（郭东雄 摄）
图 8-77 高山族捣米用捣臼（郭东雄 摄）

塔吉克族传统体育

塔吉克族主要分布在新疆维吾尔自治区西南部的塔什库尔干塔吉克自治县，其余分布在莎车、泽普、叶城和皮山等县。根据 2010 年第六次全国人口普查统计，塔吉克族人口为 51 069 人，为国家重点扶持的人口较少的民族之一。塔吉克族使用塔吉克语，但莎车、泽普、叶城等地的塔吉克族也通用维吾尔语。塔吉克族普遍使用维吾尔文。

“塔吉克”为本民族自称，在民间传说中是“王冠”的意思。早在公元前，在我国今新疆南部就居住着使用东部伊朗语的居民。汉代，居住在今塔什库尔干地区从事游牧经济的塔吉克族先民部落，汉文史籍称“蒲犁国”。西汉通西域后，汉朝的使节、商人相继经过葱岭（帕米尔高原）前往大月氏、安息等国，塔什库尔干地区就成为古“丝绸之路”上东西交通的必经之路。10 世纪中叶，伊斯兰教从中亚传入地跨葱岭东西的喀拉汗朝，它对塔什库尔干一带的塔吉克先民从佛教改信伊斯兰教产生了重要影响。元朝，塔什库尔干被称作色勒库尔，属于察合台后王封地。明代后期，在色勒库尔的中心地带已有一批塔吉克族小村落。从 17 世纪后期到 19 世纪，帕米尔西部和南部的什克南、瓦罕等地的塔吉克人纷纷迁入色勒库尔，逐渐成为我国的塔吉克族。清代，塔什库尔干被称为“色勒库尔回庄”，受南疆的叶尔羌办事大臣管辖。塔吉克族地区同南疆各城镇及中原内地的经济文化交流日益密切。

中华人民共和国成立后，塔吉克人民焕发了青春，他们用勤劳和智慧的双手建设自己的家园，创造着美好的未来。

生活在帕米尔高原上的塔吉克人民，在漫长的历史长河中，逐步形成了丰富多彩的传统文化。素称“帕米尔之鹰”的塔吉克族，创造了具有浓郁民族特色的体育文化。塔吉克人传统的马上体育活动，也像山鹰一样，富有顽强、勇猛刚毅的特点。骑射、射击、比腕力、赛马、马上拾银、骑马叼羊、骑牦牛叼羊、挂波齐（马球）、押加、秋千、斗鸡、斗狗、抓石子、鹰舞等，都是塔吉克人喜爱的民族传统体育项目。

图 8-78

图 8-79

图 8-78 塔吉克族射击（新疆维吾尔自治区体育局 提供）
图 8-79 马上角力（新疆维吾尔自治区体育局 提供）

图 8-80

图 8-81

图 8-82

图 8-83

图 8-84

图 8-80 塔吉克族赛马（新疆维吾尔自治区体育局 提供）
图 8-81 帕米尔高原上的马球赛（刘新 摄）
图 8-82 牦牛叼羊（刘新 摄）
图 8-83 赛马叼羊（赵登文 摄）
图 8-84 女子玩抓石子（新疆维吾尔自治区体育局 提供）

俄罗斯族传统体育

俄罗斯族主要散居在新疆伊犁、塔城、阿勒泰和乌鲁木齐等地，其余分布在内蒙古自治区东北部和黑龙江省北部及北京等地。根据 2010 年第六次全国人口普查统计，俄罗斯族人口为 15 393 人，为国家重点扶持的人口较少的民族之一。俄罗斯族使用俄罗斯语和俄文，居住在我国的俄罗斯族也通用汉文和汉语。

我国的俄罗斯族先民主要是从俄罗斯移居而来。早在清朝顺治元年，侵入我国黑龙江地区的部分沙皇俄国士兵被清军俘虏，他们情愿归降，被清政府送往北京，编入八旗。在后来的顺治七年（1650）、康熙七年（1668）、康熙二十二至二十四年（1683—1685）间，均有部分俄罗斯士兵或先前随军队移居到我国黑龙江省北雅克萨边城的俄罗斯族移民投归清朝，迁居北京。他们长期与汉族通婚，生活习俗多与汉族相同。今北京的罗、何、姚、田、贺五个姓氏的俄罗斯族人约200余人，即是他们的后裔。

18 世纪前后，部分俄罗斯人迁入我国新疆北疆。鸦片战争以后，随着沙俄对中国的侵略，大批俄罗斯族农民在新疆西北部和黑龙江北部建立居民点。不久，沙俄又利用各项不平等条约，在新疆的伊犁、塔城、乌鲁木齐等地设立领事馆和贸易圈，大批俄罗斯族商人和手工业者迁居贸易圈和领事馆周围。十月革命后，这些俄罗斯族农民、商人和手工业者大都加入了中国国籍。

迁入中国的俄罗斯人，被称为“归化人”“归化族”。中华人民共和国成立后，正式命名为俄罗斯族。

我国俄罗斯族的风俗习惯与俄罗斯联邦的俄罗斯族基本相同，他们为我国边疆的发展做出了巨大贡献，是我国多民族大家庭的重要一员。俄罗斯族人性格开朗，能歌善舞，他们在长期的历史进程中，创造了丰富多彩的体育文化。独具特色的赛马、荡秋千、穿口袋赛跑、口衔鸡蛋赛跳跑、三足赛跑、嘎里特克（击木）、捕鱼、踢踏舞、波尔卡舞、克拉科维克舞和水兵舞等是他们最喜爱的传统体育活动，体现了俄罗斯族独有的文化习俗。

图 8-85

图 8-86

图 8-87

图 8-88

图 8-89

图 8-90

图 8-91

图 8-85 俄罗斯族荡秋千（刘兆明 摄）
图 8-86 穿口袋赛跑（新疆维吾尔自治区体育局 提供）
图 8-87 “巴斯克”节上的赛马（刘兆明 摄）
图 8-88 口衔鸡蛋赛跑（新疆维吾尔自治区体育局 提供）
图 8-89 三足赛跑（新疆维吾尔自治区体育局 提供）
图 8-90 儿童三足赛跑（中国体育博物馆 提供）
图 8-91 儿童套口袋赛跑（中国体育博物馆 提供）

图 8-92

图 8-93

图 8-94

图 8-95

图 8-96

图 8-92 捕鱼赛（宋士敬 摄）
图 8-93 蹓踏舞（中国体育博物馆 提供）
图 8-94 男水兵舞（中国体育博物馆 提供）
图 8-95 女水兵舞（中国体育博物馆 提供）
图 8-96 克拉科维克舞（中国体育博物馆 提供）

后　记

近年来，有关中国少数民族传统体育研究的成果纷纷付梓，且多通过各类研究课题、专著和论文等形式，对中国少数民族传统体育做出多方面、多角度的探讨。这些研究成果为中国少数民族传统体育的整理和研究奠定了坚实的理论基础，同时，也为当代中国少数民族传统体育的传承和发展提供了可资借鉴的实践平台。但中国少数民族传统体育在主体上是以非物质文化遗产的特征体现在人类生活实践之中的，因而以形象资料的形式来展现丰富多彩的少数民族传统体育形式，亦成为对其进行全方位研究的一个重要方面。而本图录编撰和出版的目的，就是通过对中国各少数民族传统体育所采录图片的集成，向世人形象地展示中国 55 个少数民族多样的传统体育形式，凸显中华民族悠久、多彩的传统体育文化。

以图录的形式反映中国少数民族传统体育发展的概貌，首先要解决对生活在不同地域，具有不同运动形式的各个民族的分区分类问题。众所周知，当代中国的 55 个少数民族，是在民族学家、历史学家和人类学家进行了大量科学调查研究和识别基础上，由政府正式确定的。但这 55 个少数民族的分布地域、自然环境、风俗习惯以及文化传统各有不同，表现在传统体育上也自然有着较大的差异。在以往的学术界，对如何将这 55 个少数民族的传统体育进行归类研究，也同样未有统一的认识。有鉴于此，在参阅体育界和民族学界的各种研究方法与特点的基础上，本图录借鉴、参阅了崔乐泉所著《中国少数民族传统体育》一书的编写体例，按照民族语言系属的分类法，将全国 55 个少数民族分为汉语族、满－通古斯语族、蒙古语族、突厥语族、藏缅语族、壮侗语族、苗瑶语族、孟高棉语族、印度尼西亚语族、伊朗语族和斯拉夫语族共 11 类，依此叙述其各自的传统体育文化，展示各自的传统体育活动形式。这种分类和展示方式，既考虑了民族的属性，又关照了民族的地域分布，还照顾了在同一民族不同聚居区流行的传统体育项目，同时可以更全面地反映一个民族和同一类语言系属民族体育活动的特点。

由于篇幅所限，本图录对全国 55 个少数民族传统体育形式的展示只能是概述性的，每个民族的传统体育项目也只是撷取其中典型图片进行编排。在本图录资料的搜集和整理过程中，得到了体育界和民族学界大专院校与科研机构众多专家学者的帮助和支持。许多学者将自己珍藏多年的珍贵照片贡献出来；有的学者甚至亲自奔赴少数民族地区，或在民族运动会、民族节日期间，为本图录的编撰拍摄少数民族传统体育活动的图片；更有部分省市自治区的相关机构无偿提供所属地区少数民族传统体育活动的图片资料……对上述学者和单位为本图录编著做出的贡献，我们谨表示诚挚的谢意。

在本图录的编写中，尽管我们力求对中国各少数民族传统体育形式做出全面、真实的反映，但由于水平所限和资料搜集的局限，在许多方面还很不完善，为此衷心希望诸位读者提出宝贵意见。

图片摄影与提供

丁 丁　丁生智　丁玲辉　大漠雄鹰　马红专　马忠华　马振武　马福君　马徽江　车保华　方 征　王天杞　王文泉　王古山　王玉科
王正荣　王 江　王会平　王守祝　王述慷　王学林　王陈青马　王泽蔚　王建台　王昭文　王积礼　王 萍　王湘军　王瑞林　韦晓康
韦毓祥　尤俊生　民一中　付万力　尼尔基斯　冯四方　丘齐龙　丘全东　艾拉提　田彦琪　田瑞峰　田德见　朱于湖　朱星明　朱嘉凯
孙志江　闫沙庆　任军川　江宏景　江美香　关槐秀　刘小明　刘引华　刘成刚　刘兆明　刘宏章　刘庚军　刘建明　刘 跃　刘惠鸽
刘 新　刘德斌　吕 涛　约提克尔·尼加提　李 文　李 平　李志雄　李 纲　李 欣　李绍智　李 响　李 勇　李春南　李基禄
李 鹏　李曌熙　何小玲　何 光　宋士敬　苏少龙　苏伟伟　苏志平　吴文栋　吴东俊　吴吉斌　汪石凌　邢广利　邢贵龙　杨 戈
杨世如　杨发顺　杨再元　杨金海　杨宗友　杨帮庆　杨 超　杨富学　张才军　张天林　张凤贵　张玉薇　张延庆　张兴奇　张有林
张宏开　张鸿力　张琪琪　张新军　张德厚　宝力道　陈卫中　陈小蓉　陈小蓓　陈安定　陈杨坤　陈俊书　陈祖跃　陈庭茂　陈爱民
陈海宁　陈德彬　金大辉　居建新　林兴忠　林春成　陆 欣　泠 风　罗晓光　罗 涵　青 影　牧雪祁连　武正林　周天禄　周 华
周 克　周克臣　周重要　宫晓琛　胡小明　胡永宝　觉 果　侯少华　侯志华　侯蓉华　钱兴强　禹江宁　赵 戈　赵文龙　赵志强
赵忠伟　赵昌毅　赵晏尼　赵登文　祝珊珊　高 禄　格桑达瓦　顾晓燕　莫善军　聂建江　秦 刚　秦炜棋　秦 晴　彭守胜　索朗罗布
涂国玺　涂德海　徐明正　徐松青　益 明　曹经建　符卫平　龚小勇　郭东雄　郭兴忠　郭建良　黄小良　黄光亮　黄罗家　黄垠鹏
黄洪潮　黄 晓　康永哲　梁汉昌　戚 恒　章菊花　崔利英　董恩慈　韩基韬　蒋东升　蒋聚荣　普布扎西　普布次仁　普佳勇　覃永耀
舒文钧　谢佩霞　曾苏群　曾质斌　蓝三峰　解之诚　蔡 军　廖 国　廖 攀　蔺以光　谭广鑫　谭举平　谭忠发　熊达闻　潘世明
戴有春　魏志雄　瞿冠英

广西壮族自治区体育局
广西壮族自治区罗城仫佬族自治县文化专员
云南省文山州教育体育局
云南省德宏州体育局
内蒙自治区莫力达瓦自治旗
宁夏回族自治区体育局
吉林省延边朝鲜族自治州体育局
贵州省体育文化宣传信息中心
湖北省宣恩体育局
黑龙江省体育局

广西壮族自治区环江县文化专员
中国体育博物馆
云南省体育局
内蒙自治区巴彦浩特市体育局
内蒙古自治区鄂温克族自治旗
台湾屏东大学
青海省体育局
贵州省体育局
湖北省恩施体育局
福建省体育局

广西壮族自治区武鸣县文化专员
甘肃省体育局
云南福贡县体育局
内蒙古自治区体育局
四川省阿坝州体育局
江西体育局
贵州省民委
湖北省五峰县体育局
湖北省鹤峰县体育局
新疆维吾尔自治区体育局